江西财经大学财税与公共管理学院

尚公文库

欠发达地区文化中介组织发展现状调查及培育对策研究

廖少纲◎著

中国财经出版传媒集团
中国财政经济出版社

图书在版编目（CIP）数据

欠发达地区文化中介组织发展现状调查及培育对策研究／廖少纲著. --北京：中国财政经济出版社，2019.12

ISBN 978-7-5095-9430-8

Ⅰ.①欠… Ⅱ.①廖… Ⅲ.①不发达地区-文化-中介组织-研究-中国 Ⅳ.①G127

中国版本图书馆CIP数据核字（2019）第248686号

责任编辑：胡 博　　　　责任校对：徐艳丽

封面设计：陈宇琰　　　　责任印制：刘春年

中国财政经济出版社 出版

URL：http：//www.cfeph.cn

E-mail：cfeph@cfeph.cn

社址：北京市海淀区阜成路甲28号 邮政编码：100142

营销中心电话：010-88191522

天猫网店：中国财政经济出版社旗舰店

网址：https：//zgczjjcbs.tmall.com

北京财经印刷厂印刷 各地新华书店经销

成品尺寸：170mm×240mm 16开 11.25印张 173 000字

2019年12月第1版 2019年12月北京第1次印刷

定价：50.00元

ISBN 978-7-5095-9430-8

（图书出现印装问题，本社负责调换，电话：010-88190548）

本社质量投诉电话：010-88190744

打击盗版举报热线：010-88191661 QQ：2242791300

总　序

习近平总书记在哲学社会科学工作座谈会上指出，一个国家的发展水平，既取决于自然科学发展水平，也取决于哲学社会科学发展水平。坚持和发展中国特色社会主义，需要不断在理论和实践上进行探索，用发展着的理论指导发展着的实践。在这个过程中，哲学社会科学具有不可替代的重要地位，哲学社会科学工作者具有不可替代的重要作用。

习近平新时代中国特色社会主义思想，为我国哲学社会科学的发展提供了理论指南。党的十九大宣告："经过长期努力，中国特色社会主义进入了新时代，这是我国发展新的历史方位。"中国特色社会主义进入新时代，意味着近代以来久经磨难的中华民族迎来了从站起来、富起来到强起来的伟大飞跃。新时代是中国特色社会主义承前启后、继往开来的时代，是全面建成小康社会、进而全面建设社会主义现代化强国的时代，是中国人民过上更加美好生活、实现共同富裕的时代。

江西财经大学历来重视哲学社会科学研究，尤其是在经济学和管理学领域投入了大量的研究力量，取得了丰硕的研究成果。财税与公共管理学院是江西财经大学办学历史较为悠久的学院，学院最早可追溯至江西省立商业学校（1923 年）财政信贷科，历经近百年的积淀和传承，现已形成应用经济和公共管理比翼齐飞的学科发展格局。教师是办学之基、学院之本。近年来，该学院科研成果丰硕，学科优势突显，已培育出一支创新能力强、学术水平高的教学科研队伍。正因为有了一支敬业勤业精业、求真求实求新的教师队伍，在教育与学术研究领域勤于耕耘、勇于探索，形成了一批高质量、经受得住历史检验的成果，学院的事业发展才有了强大的根基。

为增进学术交流，财税与公共管理学院推出面向应用经济学科的“财税文库”和面向公共管理学科的“尚公文库”，遴选了一批高质量成果收录进两大文库。本次出版的财政学、公共管理两类专著中，既有资深教授的成果，也有年轻骨干教师的新作；既有视野开阔的理论研究，也有对策精准的应用研究。这反映了学院强劲的创新能力，体现着教研队伍老中青的衔接与共进。

繁荣发展哲学社会科学，要激发哲学社会科学工作者的热情与智慧，推进学科体系、学术观点、科研方法创新。我相信，本次“财税文库”和“尚公文库”的出版，必将进一步推动财税与公共管理相关领域的学术交流和深入探讨，为我国应用经济、公共管理学科的发展作出积极贡献。展望未来，期待财税与公共管理学院教师，以更加昂扬的斗志，在实现中华民族伟大复兴的历史征程中，在实现“百年名校”江财梦的孜孜追求中，有更大的作为，为学校事业振兴做出新的更大贡献。

江西财经大学党委书记

2019 年 9 月

目　录

第一章　导论 ………………………………………………………………（1）
第一节　研究背景及意义 …………………………………………………（1）
第二节　国内外研究现状 …………………………………………………（3）
第三节　研究框架与研究方法 ……………………………………………（8）
第四节　研究创新与不足之处 ……………………………………………（10）
第五节　研究的理论基础 …………………………………………………（11）

第二章　文化中介组织概述 ……………………………………………（14）
第一节　文化中介组织的内涵 ……………………………………………（14）
第二节　文化中介组织的特征与作用 ……………………………………（16）
第三节　文化中介组织的分类 ……………………………………………（18）
第四节　文化中介组织的职能 ……………………………………………（26）
第五节　发展文化中介组织的重要性 ……………………………………（27）
第六节　文化中介组织管理 ………………………………………………（30）

第三章　文化中介组织的产生和发展 …………………………………（40）
第一节　文化中介组织的产生 ……………………………………………（40）
第二节　进一步发展我国文化中介组织的指导思想 ……………………（47）
第三节　培育和发展文化中介组织的思考 ………………………………（49）

第四章　欠发达地区文化中介组织现状调查 …………………………（55）
第一节　调查方案设计 ……………………………………………………（55）
第二节　问卷的信度与效度分析 …………………………………………（58）

第三节　数据基本信息 ……………………………………………（62）
第四节　员工对文化中介组织的认知差异度分析 ………………（72）

第五章　欠发达地区文化中介组织发展状况分析 ………………（76）
第一节　从业人员工作现状及职业发展前景 ……………………（76）
第二节　欠发达地区文化中介组织发展的必要性 ………………（79）
第三节　欠发达地区文化中介组织发展存在的困境 ……………（82）
第四节　欠发达地区文化中介组织发展趋势及路径选择 ………（86）

第六章　江西省文化中介组织发展现状调查 ……………………（90）
第一节　江西省文化中介组织调查现状 …………………………（90）
第二节　江西省文化中介组织发展存在的问题 …………………（100）

第七章　国外文化中介组织发展经验及启示 ……………………（110）
第一节　美国文化中介组织发展案例 ……………………………（110）
第二节　德国的文化中介组织 ……………………………………（114）
第三节　日本文化中介组织 ………………………………………（116）
第四节　韩国文化中介组织 ………………………………………（117）
第五节　法国文化中介组织 ………………………………………（119）
第六节　国外文化中介组织管理的启示 …………………………（121）

第八章　我国发达地区文化中介组织管理经验 …………………（125）
第一节　武汉市文化中介组织发展中面临的机遇与挑战 ………（125）
第二节　东莞市文化中介组织发展现状及培育经验 ……………（134）

第九章　欠发达地区文化中介组织发展和培育对策 ……………（145）
第一节　欠发达地区文化中介组织发展存在的主要问题 ………（145）
第二节　促进欠发达地区文化中介组织发展的基本路径 ………（146）

参考文献 ……………………………………………………………（157）
附　　录 ……………………………………………………………（166）
后　　记 ……………………………………………………………（172）

第一章

导 论

第一节 研究背景及意义

一、研究背景

党的十九大报告指出："健全现代文化产业体系和市场体系，创新生产经营机制，完善文化经济政策，培育新型文化业态。"文化中介组织作为文化市场体系的重要主体，在推动文化产业发展中发挥着独特作用。自20世纪90年代开始，文化产业在全球各国的经济地位逐渐增强，尤其是在美国等发达国家，其经济地位上升的更加明显。文化产业自然成为公认的朝阳产业，成为21世纪大部分国家最注重发展的经济产业之一。随着全球经济一体化，文化产业也逐步走向国际视野，象征着国家软实力的发展。文化产业成为各国重要竞争中一大新的领域，目前，国际上很多国家已经把文化产业视为本国的经济的重要支柱。鼓励发展文化事业和文化产业第一次是在党的十六大上提出的，之后在党的十七大、十八大上又分别强调了对文化产业发展的相关要求，并且提出关于文化产业发展相关政策，提高文化产业的规模化、集约化、专业化水平。国家统计局相关数据表明，全国拥有4.9万家规模以上的文化企业，且在2016年前三个季度营业收入达到55881亿元，比上年同期增长7.0%。由此也可发现，我国也逐步将文化产业的发展放在非常重要的地位，努力发展我国文化产业，将成为我国经济发展的重要动力。综上所述，无论从国际形势上看，还是从政策层面的分析，文化产业发展的态势已经非常明显了。

从市场经济发展层面来看，一直以来，我国的文化产业受计划经济体制影响较深，具有一定的局限性。并且如今部分文化企业都与政府有着紧密的联系，这种未形成自由竞争的社会环境使得文化产业的发展缓慢，与国际上的差距越拉越大。所以，我国目前正朝着深化文化体制改革的方向前进，在改革的过程中，逐步转变政府职能，实现由政府代办文化企业转变成政府协助文化企业。文化中介组织刚好可以弥补政府在职能转变过程中缺失的部分，使政府从微观规制转向宏观调控，从而为文化产业发展提供更大的空间。简而言之，政府对文化产业的干预其实就是无形中承担了本属于文化中介的功能。现如今，文化产业的经济地位日益增强，文化中介组织的出现，其专业性、独立性以及服务性更好地推动了文化产业的发展。

二、研究意义

（一）实践意义

文化中介组织是文化产业的重要分支，关系到文化消费市场的繁荣兴盛，也直接影响文化产业的兴衰。我国目前对文化中介组织的投入规模较小，发展速度缓慢。实地考察发现，欠发达地区政府对文化中介组织的扶持项目非常少，很多小型文化中介企业生存环境艰难。本书将从文化中介组织的视角探究如何带动欠发达地区文化产业繁荣发展。

首先，为欠发达地区文化中介组织发展提供思路参考。对欠发达地区文化艺术类中介组织现状调查能够分析当前此类文化中介组织发展现状和存在的问题，为进一步促进欠发达地区文化中介组织的全面发展提供思路和参考建议，同时对更好促进欠发达地区乃至全国文化产业的发展具有一定的参考价值。

其次，能为促进欠发达地区文化产业发展提供有益探索。本书以欠发达地区文化中介组织为研究对象，采取实地调研访谈和问卷调查方式获取一手资料，对欠发达地区文化中介组织发展现状进行综合评价，分析影响文化中介组织发展的主要因素，并提出针对性建议，从而在一定程度上推动欠发达地区文化产业的发展。

最后，能起到先试先行的示范作用。对欠发达地区文化中介组织的现状及对策研究，不仅能够为促进欠发达地区文化中介组织更好发展提供相关对策和建议，也能够为今后研究我国其他地区文化中介组织发展建设起到引导、示范性的作用。

（二）学术价值

首先，本书运用管理学理论，对调查对象进行实地调研和访谈，再将所收集的资料进行数据分析，试图针对欠发达地区文化中介组织现状及存在的问题进行研究分析，将充实对文化中介组织的研究，为进一步研究推动我国文化产业发展动力的相关问题提供探索性研究成果。

其次，从丰富欠发达地区文化中介组织发展模式多样化视角出发，针对其发展现状，制定适合欠发达地区文化中介组织的发展模式，使欠发达地区文化中介市场能够健康发展。对欠发达地区文化中介组织的研究也是填补了我国对中介组织研究的一个空白。

第二节　国内外研究现状

一、国外研究现状

从文化产业的角度，戴维·思罗斯比的著作《经济学与文化》和大卫·赫斯蒙德夫的著作《文化产业》可以说是21世纪以来文化产业研究最为具体的两本专著，戴维·思罗斯比主要从“产业”的角度阐述了文化的特征，大卫·赫斯蒙德夫则是从文化产业研究的方法进行了研究。这两本著作的一些观点包括文化产品的高额的生产成本和较低的复制成本等特点以及其公共品的属性对文化产业的学科理论研究起着关键作用，也为后来研究文化产业的学者提供了重要的理论依据。

Theodor Adorno 和 C. Max Horkheimer 在《启蒙的辩证法》这本书中提到文化产业，国外对文化产业的研究历史与我国相比要早几十年。许多国家的大学、科研机构和政府以及民间组织都相继建立了相关的研究机构，培养拥有了一批从事文化产业研究的专门人才。文化产业是一个涵盖内容十分广泛的行业，目前对文化领域的研究也十分广泛，主要包括理论研究和应用研究。Matarasso Landry 在 1999 年对私营和公共文化部门进行研究，他认为在这一领域的文化产品和服务主要由政府提供，而有些是由私营企业提供，还有一些是由自愿性组织提供文化服务。并且他认为现在公共部门与私营文化部门之间的界限越来越不清晰，所以政府应该通过直接或间接的方式资助文化产品供给[①]。侯聿瑶（2007）总结了法国文化产业的支持政策，指出对艺术品产业的资助是谨慎的，大约只占国家文化总预算的 1%，其经济扶持首先通过资助本国艺术教育来实现[②]。蔡荣生、王勇在研究国内外发展文化创意产业的政策研究时提出，美国文化产业的良好竞争环境主要是源于完备的知识产权法律保护体系，使得文化产业有一个相对较为公平、公正的发展环境，促进文化产业的竞争力，并且美国的文化产业发展对中国有非常重要的借鉴意义[③]。

在西方国家，社会中介组织主要从事政府部门不方便或者不宜做的事情，已经被视为与市场主体和国家并列的第三体系。西方国家从政治学、管理学以及社会学等角度对中介组织进行全方位研究，也得出了一些重要的研究成果。研究的内容主要包括中介组织产生的理论基础，然后分别从成立条件、注册管理、政策优惠、资金来源以及中介组织社会作用等方面进行研究，这些研究成果对培育和规制中介组织起到关键作用。另外，还有学者从公共治理的角度进行研究，主要从社会中介组织职能划分、与政府的关系的角度来分析。Thomas Paris（2015）指出如何将文化生产者的产品直接提供给消费者，减少中间的流通环节，并指出文化中介组织在减少文化产品流通环节做出很大贡献，认为经济管理学的研究要高度重视围绕中介组织这种形式。Gawer & Cusumano（2008）认为文化中介组织在整个文化产业链发展中具有重要地位是与用户之间形成的一种新型关系。

Barros 建立了一个消费均衡模型，用来研究价格和文化产品之间的关于文化商品和非文化商品之间的联系，发现收入对文化消费具有显著的正效应，并且发现文化消费品的需求收入弹性较低。Tomas 和 Meads 的研究结果显示文化

---

① Matarasso, Landry. Balancing Act: Twenty - One Strategic Dilemmas in Cultural Policy: Cultural Policies Research Developments Unit, Policy Note No. 4. StrasbourR: Council of Europe Publishing, 1999.

② 侯聿瑶．法国文化产业［M］．北京：外语教学与研究出版社，2007.

③ 蔡荣生，王勇．国内外发展文化创意产业的政策研究［J］．中国软科学，2009（8）.

消费的价格弹性是负相关的。Colbert 经过实证研究发现艺术品对价格的反应并不敏感。Brian（2015）提出，文化中介从业人员成为关键中介催化和促进新组织形式和创意工作者之间战略合作伙伴关系①。Withers 的研究将社会需求、城市生态环境、文化创新、民族特色等融合在一起研究，提出大力发展文化产业是社会经济发展的必要手段。

二、国内研究现状

在文化中介组织发展研究方面，随着顾海良（1995）、陈志强（1999）等学者引入对文化中介组织的研究，到目前为止，文化中介组织的发展路径研究已经成为我国文化产业发展的重要催化剂。文化中介组织的发展路径研究即将成为今后相当一段时期内的热点和重点。国内现有的研究成果主要特点如下。

依据文化中介组织内涵对其定义进行的研究。顾海良（1995）指出，文化中介组织是指在文化市场上为文化产品交易双方提供信息，并且促成交易双方达成交易而收取佣金的中介组织②。顾海良给出了文化中介机构的盈利模式、文化市场的要素、业务活动、业务过程等，文化中介机构不但包括营利性的文化服务机构，还包括文化领域的各种行业协会。邢兆远（2012）指出，文化中介机构是连接文化产业生产性组织，是沟通文化产品生产、流通和消费等各个环节的服务文化企事业单位、消费者和市场之间的桥梁和纽带③。刘金祥（2012）指出，文化中介组织是指在文化经济市场中，为供需双方提供信息、促成交易而收取佣金报酬的文化服务机构，涉及文化信息、文化产品、文化人才以及文化生产传播的资料、设备和技术等文化市场要素，从事文化的策划、居间、代理、咨询、出租等经纪活动，其形态包括文化个人独资企业、文化经纪人事务所与文化经纪公司，在文化中介组织中，文化创意中介组织无疑是其中的一个重要组成部分④。

其一，依据经济学对市场中介机构的性质分类所进行的研究。闫平

① Brian. Cultural Intermediaries in the Digital Age: The Case of Independent Musicians and Managers in Toronto [J]. Regional Studies, 2015, 49 (3).

② 顾海良. 世界文化市场全书 [M]. 北京：中国大百科全书出版社，1995：223.

③ 邢兆远. 鼓励发展文化中介组织 推动市场化交易 [N]. 光明日报，2012-02-08 (3).

④ 刘金祥. 论我国文化中介组织的培育和发展 [J]. 浙江树人大学学报，2012 (3)：42-46.

(2008) 和徐海龙 (2010) 指出，文化中介组织主要涵盖经纪类、咨询类、代理类、认证类、评估担保类的与文化产品相关的企业等。闫平 (2008) 指出，代理类、经纪类、交易类属于交易型性质，咨询类、认证、资信评估和担保类属于准则型，而社团类则属于管理型性质①。其二，从文化产业的产业链角度探析。蒋三庚 (2017) 在研究文化产业链的基础上，将文化产业分为不同的环节，主要包括生产、流通、消费等。其中，生产环节即为创意生产环节，包括文化产品的生产者；经营环节主体主要包括文化经纪公司、文化代理公司、文化咨询公司、书商、书画中介等。创新成果的商品化方面的分类②：肖雁飞 (2014) 认为，针对创意产业区中创新的中介组织有三种，在高新技术转化为商品方面，比如文化产品研究室；在文化艺术品转化为商品方面，比如文化经纪人；在文学创作转化为商品方面，如出版经纪人③。广义概念上的分类研究：朱静雯、孙庆庆 (2014) 指出，文化中介机构可以分为交易型、准则型和管理型。交易型文化中介机构包括经纪类、代理类、交易类，如文艺演出经纪、文化产品销售代理以及文化拍卖组织等；准则型文化中介机构主要包括咨询类、认证、评估和担保类，如技术咨询、投融资担保、信用担保等；管理型文化中介机构主要是指民间文化组织、行业协会等社团类文化中介组织，这类中介组织承担着政府的一部分职能，能够提高政府的管理效率④。

依据对文化中介组织存在的问题研究。目前很多学者对我国的文化中介组织的发展现状进行了研究，认为我国文化中介组织普遍存在以下问题：一是政府干预程度过高，严重干扰市场上的公平竞争秩序的形成，制约文化中介组织发展。杨爱华、李文学 (2007) 认为，文化中介组织受计划经济体制的影响，多少带有一些官方体制的色彩，再加上文化市场制度发育不健全，不可避免地形成了垄断行业，各类文化中介组织发展也非常不平衡，垄断现象严重⑤。丁

① 闫平. 文化中介：文化产业链的关键环节 [J]. 理论学习，2008 (6)：10，21.

② 蒋三庚，王莉娜. 北京市文化创意产业集聚效应研究 [J]. 经济研究参考，2017 (45)：62-71.

③ 肖雁飞，王缃韵，万子捷. 中国文化创意产业发展影响因素与实证研究 [J]. 科技管理研究，2014，34 (11)：102-105.

④ 朱静雯，孙庆庆. 关于我国文化中介机构的思考 [J]. 博士论坛，2014.

⑤ 杨爱华，李文学. 文化中介组织在地方政府间关系中的作用 [J]. 今日中国论坛，2007 (21).

玉霞（2002）认为，政府对市场中介组织应该起到宏观调控的作用，协助其更好地自我管理，给予政策上的扶持，而不能直接由政府机构来接手管理中介组织，否则就会压制中介组织之间的竞争，造成行业出现垄断，从而违背市场经济的公平公正、独立竞争的原则。二是法律法规不完善，行业制度缺失。丁雪（2014）从文化中介主体制度、行为制度、市场监管制度以及创业制度几个方面讨论辽宁省在制度建设方面的缺失①。主要从中介准入制度和退出制度分析文化中介机构发育不够成熟，没有理论依据可以参照。行为主体责任不明确导致在实践过程中经常发生纠纷。三是文化中介组织自律机制不健全，从业人员总体素质不高。唐中明、朱力强、谭礼塘（2006）在谈论中介组织从业人员职业道德中提到，中介组织从业人员道德素质在不断弱化，主要是由于其自身素质还有待提高，另外管理体制不顺、监管不到位等情况也是限制中介组织发展原因之一。所以针对文化中介组织从业人员急需建立一套完整的评价指标供其参考，提高从业人员整体工作效率。

依据对文化中介组织发展对策的研究。对于文化中介组织发展中遇到的问题提出建设性意见，主要是从政府角度、市场环境角度以及人员素质培养等角度展开的。陈志强（1999）提出，要发展文化中介机构、培育文化经纪人的建议，认为应该从相关政策制定、政府对文化中介机构及其经纪人的管理着手，尽早制定《文化经纪人管理条例》，重视对文化中介工作同志的专业培训②。并加强与国外交流，吸取成功经验。蓝凡（2000）认为在市场经济条件下，首先应该通过提高文化中介机构的市场化运作水平来促进整个上海市文化中介机构的发展。其次要完善文化中介组织登记注册条例，并且鼓励政府主管文化的部门向文化中介机构转换③。顾红（2004）基于南京文化中介组织的发展现状分析，具体包括确立指导思想、基本方针和战略目标，建立机制，加快立法、人才培养，提高文化中介组织市场运作能力。杨爱华、李文学（2007）从地方政府间的关系的角度提出文化中介组织发展对策，主要以规范政府行

---

① 于维同，丁雪．我国地方政府促进文化中介市场发展的法律对策［J］．全国商情：理论研究，2014（5）：91－92.

② 陈志强．建立文化中介机构，培育文化经纪人［J］．上海艺术家，1999（1）：33－35.

③ 蓝凡．市场经济下的文化中介机构［J］．上海艺术家，2000（2）：8－9.

为、健全组织机制为主。刘金祥（2012）、罗加环，刘登玲，胡文娅（2009）也分别从国家及政府层面提出了对文化中介组织的政策性建议与扶持措施。丁雪（2015）从法律制度的角度对辽宁省文化中介组织进行研究，提出了文化中介缺乏健全法规制度的支撑导致其发展缓慢，并从法规政策方面提出可行性建议。

文化中介组织在学术界依然是一个全新的概念，目前的研究成果基本基于国家视角进行的理论性、宏观性探讨，其内容涉及国内文化中介组织发展的意义①、背景依据、基本状况、存在的问题以及路径选择等几大方面（杨爱华、李文学，2007）。但是真正从文化中介组织本身出发进行研究的成果还鲜有出现，尤其是对文化中介组织从业人员的工作情况的研究更是空白。

第三节　研究框架与研究方法

一、研究框架

本书以欠发达地区文化中介组织为研究对象，通过对江西省、广西壮族自治区以及其他欠发达地区比较具有代表性地区的文化中介进行实地调查研究，分析欠发达地区文化中介组织目前的生存现状，并提出促进欠发达地区文化中介组织发展的路径。本书主要分为六个部分。

第一部分（第一章），阐述本书的研究背景和研究意义，对国内外的相关已有的研究文献进行归纳分析，描述了本书的研究框架和方法、创新之处及存在的不足。

第二部分（第二到第三章），阐述研究的相关概念和理论基础。介绍中介组织、文化中介组织的含义，并对文化中介组织在市场经济中所起的作用进行分析。

第三部分（第四章），选取调查样本进行实地调查，通过问卷调查、访谈

① 胡攀．我国文化中介机构刍议［J］．重庆社会主义学院学报，2007（3）：39－41.

等方式收集文化中介组织的相关资料，进而分析文化中介组织发展现状进行分析。

第四部分（第五到第六章），根据调查现状分析结果，主要从欠发达地区文化中介组织发展规模、从业人员、法律制度规范以及政府政策支持角度探析其存在的问题。

第五部分（第七到第八章），通过对国外及国内其他省份文化中介组织的发展历程进行深层次分析对比，总结出经验优势。

第六部分（第九章），根据欠发达地区文化中介组织发展过程中存在的问题，并借鉴国内外先进经验，提出欠发达地区文化中介组织发展对策，主要从法律法规的约束规范、从业人员素质提高、平台规模的全面打造、政府政策的支持引导等方面提出对策。

本书的研究框架如图 1－1 所示。

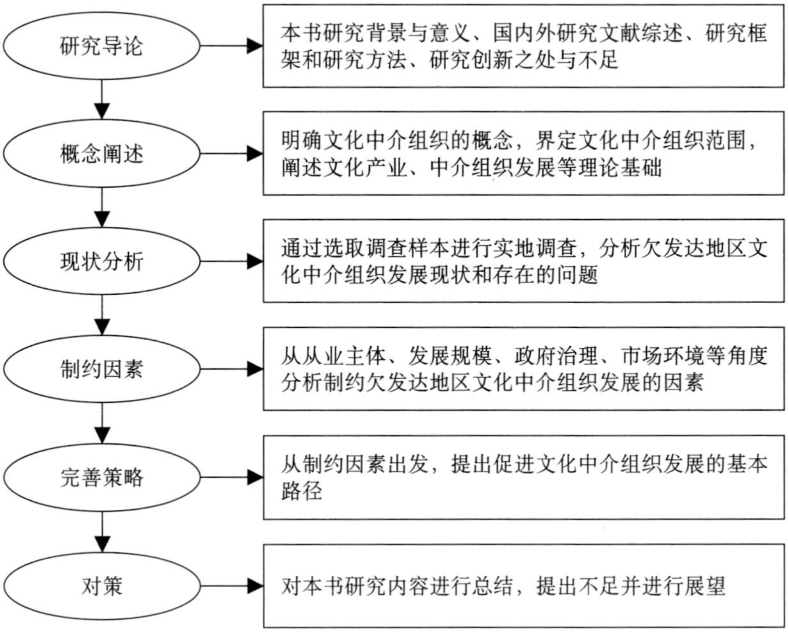

图 1－1　研究框架

二、研究方法

本书结合管理学、经济学、社会学等学科的视角，通过规范研究法、调查分析法、调查问卷法以及定性研究方法，做到定量与定性相结合。

一是规范研究法，也称文献研究法。此方法主要是通过收集已有的文献、资料、图书等，对前人已经研究的相关成果和文献资料进行查阅分析，并进行必要的归纳总结，以奠定本书研究的基础。规范研究法通过间接途径获取文章研究的宝贵借鉴资源以及研究对象相关资料。本书通过阅读相关文献资料，了解当前学界对文化中介组织的研究现状，通过比较分析现有研究成果的研究视角和研究不足之处，从而获取本书的研究思路，保证研究理论和视角的可靠性。

二是调查分析法，是指通过实地调查、参加访谈、发放调查问卷等形式直接收集文章研究所需要的相关数据和资料，通过对数据和资料进行分析而得出相应研究结论的方法。本书通过走访、问卷调查了解文化中介组织从业人员对文化中介组织发展现状的意见和观点，分析管理人员和从业人员的主要关注点；通过与文化中介组织的管理层进行访谈，了解政府对文化中介组织的扶持力度以及当前发展面临的问题。在对调查数据和资料进行汇总分析的基础上，研究文化中介组织现状的差异和存在的不足，然后进一步对其问题产生的原因进行分析并提出相应的解决对策。

三是定性分析方法，是指依据所观察的社会现象，通过深入分析现象产生的内外环境因素以及事物发展的内在属性和矛盾变化规律，对事物和现象的内在本质进行研究。本书以定性分析方法为主，以欠发达地区文化中介组织为研究对象，分析了文化中介组织发展的表征和要素，结合实地调查的数据资料，进一步分析了欠发达地区文化中介组织发展的现状、存在的问题以及影响因素。

第四节　研究创新与不足之处

一、创新之处

一是填补中介组织研究空白。目前国内学术界对中介组织的学术研究已经颇为成熟，但是文化中介组织还是一个尚未被开垦的新领域，可待研究的范围还很广。国内对文化中介组织的研究仅有的几篇文章还停留在理论上，实地调研访谈形式的文章非常匮乏。而本书选择对文化中介组织深入且全面的研究更好地填补了中介组织研究的空白。

二是研究方法多样，具有实际意义，有望成为先行示范的案例。本书重点结合理论依据和实际调查数据对文化中介组织的发展进行全面研究。在理论和实践上为文化中介组织发展提供有利参考依据。

二、不足之处

一是调查样本选取不全面。目前欠发达地区文化中介组织的类型繁多，并且各类文化中介组织的数量存在较大差距，所以在选择调查样本时可能会有偏差。

二是缺乏严谨的定量分析。本书主要是基于实地调查数据的定性分析，没有进行相应的定量分析和理论假设研究，可能导致研究结论缺乏说服力和论证性。

三是专业理论知识的局限性。由于受专业知识局限，前期对文化中介组织的相关理论研究不够深入，导致对欠发达地区文化中介组织的分析可能不够系统全面。

第五节 研究的理论基础

一、信息不对称理论

信息不对称理论是由美国著名的经济学家约瑟夫·斯蒂格利茨等提出的，主要观点为：市场上不同的人对市场经济活动中的信息的了解程度是不尽相同的。在市场经济中，信息掌握的多少很大程度上决定了哪方获利的多少，所以一般信息掌握较多的一方往往会比较少的一方占据较为有利的地位。

在市场上有一个普遍现象，就是卖方对商品的信息的掌握程度远超过买方。根据市场需要，信息掌握较多的一方会将手上的信息通过交易的方式传递给信息匮乏的一方，以获取一定的利润。同样道理，信息掌握匮乏的买方也会努力向卖方收集有利的信息。在市场经济下，可以通过市场上的一些信号弥补信息不对称问题。信息不对称是市场经济失灵的表现，这时需要政府这只有形的手来减少信息不对称对经济产生的危害。到目前为止，信息不对称理论解释了很多市场上出现的经济现象，成为现代经济学及政府治理的研究核心，已经广泛运用到各领域。

二、柠檬市场理论

柠檬市场理论是美国经济学家乔治·阿克洛夫在他的一篇经济论文《柠檬市场：品质不确定性与市场机制》中提出的概念。主要是通过对美国汽车市场上旧车交易的分析，并对交易市场上的信息不对称情况下的交易效率进行研究，从而推导出了著名的柠檬原理。

《柠檬市场：品质不确定性与市场机制》对旧车市场上的交易问题进行了具体分析。柠檬在美国是对旧车市场的通俗称呼，在旧车市场上，卖方和买方之间的信息存在极大的不对称，相对而言，买方对旧车的了解程度远不及卖方，对旧车的真实质量无法得知。所以买者只能通过市场上的平均价格来衡量所有的汽车，只愿意支付平均价格去购买旧车，这样，无论是高质量的旧车还是低质量的旧车就只能以同一个价格出售。导致的结果就是卖方更愿意卖低质量的旧车，市场上只会存在低于平均价格的旧车，高质量的旧车会逐渐被挤出市场，市场上旧车的质量就会呈现下降趋势，市场规模将不断缩小，最后导致旧车市场根本无法存在。

三、新制度经济学理论

（一）制度理论

美国的经济学家凡勃伦提出，制度其实是一种思想习惯，是在个人或整个社会经历某些关系或者现象后所形成的。科斯主要从产权的角度来讨论制度，认为制度和组织之间并没有绝对的区别，制度是一种规则，用来调整和安排一系列的产权。T. W. 舒尔茨也认为制度是一种主要涉及社会、政治和经济的行为规则。他们的定义如今已被研究的学者认同，认为制度是一种经济行为的游戏规则。

诺思在《制度、制度变迁与经济绩效》这本书中，将制度与组织的异同点进行了总结归纳。他认为制度不仅可以决定运动的规则，同时也可以规定运动的方式。而组织是一个团体，为达到某个目标而被共同约束。组织和制度之间的联系主要是组织所受到的约束不仅包括传统经济理论中的一些制约，还包括制度的约束。一个国家的经济发展离不开制度的制定，制度起的是决定性的作用，发达国家与发展中国家在很多方面的差异主要是由于制度的完善程度存在差距。一般制度的实施效果主要靠违规的惩罚机制和遵守制度的奖励机制进行完善。

（二）交易成本理论

交易成本理论一般是指在社会关系中，大家通过自由交易、相互合作而达成的互换活动所形成的成本。它是由诺贝尔经济学奖得主科斯提出的，科斯认为任何交易活动都存在交易费用，交易所产生的费用主要是“价格机制产生的费用”，价格机制费用主要包含发现价格、交易谈判、签约以及履行合约等过程形成的相关费用。

威廉姆森认为交易费用分为事前交易费用和事后交易费用。事前交易费用指交易双方谈判、签约、履行合同等所发生的相关费用。事后交易费用指履行合同时，为解决契约本身所存在的问题，从改变条款到退出契约所花费的费用。组织的存在就是为了减少事前和事后所发生的交易费用。科斯认为交易费用分为内部的组织费用和外部的市场交易费用，企业效率边界指的是企业内部交易费用和市场交易的边际费用相等。威廉姆森也从交易成本的角度阐释了企业效率边界，他提出无论是市场还是组织生产都无法避免成本问题，但是到底是采取市场交易还是企业组织内部交易，比较两者的成本高低就很有必要了。企业效率边界的均衡条件是建立在企业内部协调成本等于企业所节约的市场交易费用基础上的。

第二章

文化中介组织概述

第一节　文化中介组织的内涵

一、中介组织的概念

中介机构是指依法通过专业知识和技术服务，向委托人提供公证性、代理性、信息技术服务性等中介服务的机构。

公证性中介机构具体指提供土地、房产、物品、无形资产等价格评估和企业资信评估服务，以及提供仲裁、检验、鉴定、认证、公证服务等机构。

代理性中介机构具体指提供律师、会计、收养服务，以及提供专利、商标、企业注册、税务、报关、签证代理服务等机构。

信息技术服务性中介机构具体指提供咨询、招标、拍卖、职业介绍、婚姻介绍、广告设计服务等机构。

中介组织也叫市场中介组织，一般是指那些介于政府与企业之间、商品生产者与经营者之间、个人与单位之间，为市场主体提供信息咨询、培训、经纪、法律等各种服务，并且在各类市场主体，包括企业之间、政府与企业、个人与单位、国内与国外企业之间从事协调、评价、评估、检验、仲裁等活动的机构或组织。许多国家的经验表明，社会中介组织是宏观调控与市场调节相结合中不可缺少的环节，具有政府行政管理不可替代的作用。中介组织大多属于民间性机构，有的还具有官方色彩。它们都要通过专门的资格认定依法设立，对其行为后果承担相应的法律责任和经济责任，并接受政府有关部门的管理和监督。

有关中介组织的研究是一个十分具有中国特色的话题。中国的改革是对指令性计划体制的一个改造过程。指令性计划体制的主要特征是把政府预设为一个全能性的组织，以此来统领整个经济与社会生活的过程。在指令性计划体系里，政府不仅直接参与生产、消费、流通和分配的经济过程，同时也深入到管理社会生活的方方面面。中国的改革首先是从放松经济管制，引进市场机制开始的。改革的目标就是使企业成为市场运行中独立的主体。为了使市场的基础性作用逐渐得到发挥，政府和经济系统的组织逐渐分离。在这个分离的过程中，为了配合市场经济发展和管理的需要，从20世纪80年代中期开始出现了一系列被称为“市场中介”的组织。

二、文化中介组织的概念

文化中介组织最早产生于美国，目前在西方发达国家已经发展的比较成熟和完善。近年来，我国的文化中介组织有了初步发展，对它的研究也日益兴起。但是，文化中介组织在国内外至今并没有一个统一的概念。

文化中介组织是典型的中国式概念。在国外它通常被称为“中介团体”“缓冲组织”或“减压阀”，美国学者伯顿·克拉克最先对这类组织进行了研究。20世纪80年代，伯顿·克拉克在《高等文化系统——学术组织的跨国研究》一书中以英国的大学拨款委员会为例，首次论证了缓冲组织的存在。他认为，“20世纪高等文化最重要的发明是它的组织形式，即通过中介组织来缓和中央集权控制的主要结构本身”。因此，一个国家的高等文化系统不应该通过国家官僚的命令或市场型的相互作用来协调，而应该由中介组织担任协调，它能够缓和政府与高校间的冲突。

我国学者王一兵在国内最早提出了文化中介组织类似概念，他从文化中介组织的功能方面对其进行界定：“‘社会参与’是文化的服务对象对文化运行的一种直接的、具体的控制形式。是在政府和市场以外控制和影响文化发展的第三种力量。”他说的“第三种力量”其实就是文化中介组织。

三、文化中介组织相关概念

文化中介组织在我国还是一个相对较新的事物，有必要从相关概念上对它进行充分了解和认识。

首先，文化中介组织指的是根据一定的法律法规建立的，按照一定规范参与文化活动的，介于学校和政府之间，却又独立于政府和学校之外的为社会提供文化服务的非政府公益组织。就文化中介组织在我国目前的发展情况来看，文化评估类中介组织和出国留学类中介组织呈现相对较快的发展态势，但是其他类型的文化中介组织的发展则在很大程度上处于停滞状态，呈现出单一化特点。

其次，一个完善的文化中介组织应具有以下特征。（1）独立性。不依附于任何单位和组织，接受委托或独立开展管理评价沟通监督公证等工作，同时具有独立的法律地位经济地位，可独立决策。（2）专业性。文化中介组织依靠其拥有的专业技术力量为各类社会主体提供工业化的服务。（3）服务性。文化中介组织的基本功能就是承担政府分离出的部分服务性职能，为学校和其他社会组织和个人提供各类服务。（4）公信力。中介组织依靠其为社会各类主体提供的客观公正优质的服务来获得自身生存发展的空间。中介组织的联结纽带作用决定了中介组织的服务对象是两个或多个主体，多方的满意最终演化为中介组织在社会中所具有的公信力，中介组织的独立性、专业性是这种公信力的保证。

综合起来，可以从特点和功能两个方面对文化中介组织进行定义。文化中介组织是依据一定的法律法规而成立，介于政府、学校和社会之间的，遵循公开、公平和独立的原则，参与各种文化活动、促进文化发展的公益性社会中介组织。

第二节　文化中介组织的特征与作用

文化中介组织是指从事文化的策划、代理、咨询、出租等活动，在市场中为供需双方提供交换信息、促成交易等服务的文化市场经营主体。在文化市场中，文化企业不必也不可能承担文化产品创作、生产、流通、消费等全部环节的活动，而是需要专业化水平较高的各类文化咨询服务机构提供选题、策划、组织、联络等各种中介服务。要实现文化创作与文化产品生产的有效沟通和对接，也需要专业化水平较高的中介组织及经纪人、代理人提供设计、包装、推广等服务。可见，文化产品的创作、生产、流通、消费等各环节乃至对文化产品经济效益和社会效益的评估，都需要专业化水平较高的文化中介组织。存在大量高水平的文化中介组织，是文化产业繁荣发展的必要条件之一。

一、文化中介组织的特征

（一）服务性

文化中介组织与其他中介一样，都是服务性的组织。文化中介组织并非文化产品的生产端，也非消费端，它主要是为文化市场的买卖双方提供客户所需要的信息，提高文化市场的各种交易速度。

（二）营利性

文化中介组织作为独立的市场主体，是独立于政府存在的，与市场上其他中介组织一样，都是为当事人提供中介服务而收取相应佣金以获取报酬。所以，文化中介组织与当事人的关系是典型的契约关系，而且这种关系最重要的一点就是自愿并且有偿，营利性也是文化中介组织经营的根本目的之一①。

（三）专业性

文化中介组织主要功能就是收集市场上文化产品买卖双方的信息。目前我国中介组织从业人员都需要经过专业性考核，需要具备能够较为准确地了解文化市场信息，把握文化产品的消费动向，根据市场需求来合理配置文化资源的素质。

二、文化中介组织的作用

文化中介组织存在的意义，不仅在于减轻政府负担，实现政企分开，更重

① 罗加环．我国现代文化中介机构与政府规制研究［D］．硕士论文．华中师范大学，2009.

要的是，完全根据市场经济的运行规律来进行市场化运作，可以减少经济摩擦，降低市场交易成本，防止社会震荡，保证经济顺利运行。在建立社会主义市场经济体制的过程中，必须大力支持发展市场中介组织，形成完整、高效、协调的中介系统，以便让市场经济得到健康的发展。

（一）文化中介组织的协调作用

可以这样说，在市场经济中，文化中介组织就是润滑剂、协调器。在具体的经济活动中，文化中介组织可以减少市场主体间的摩擦，规范市场主体的行为，保护市场主体的利益等。有了中介组织的参与，市场的公平竞争才能得到充分发挥。中介组织主要发挥着沟通、协调、监督、公证等作用。

（二）文化中介组织的媒介作用

市场经济是商品经济高度发展的阶段，商品交易的数量大、品种多、范围广。供销双方要了解彼此情况、掌握相关信息有较大的困难。如果要做到知己知彼，则要花费相当多的人力、物力、财力和时间，而且会减慢商品流通的速度。

（三）文化中介组织的专业作用

文化属于精神产品，要求文化中介组织的从业人员比其他中介的从业者更具有审美能力、鉴赏能力和智慧。现在的文化中介组织和从业人员均须具备一定的资格，领取有关的执照才能运营。不同的文化类别需要不同的专业人员，比如考古、网络、演出旅游、影视、体育等。

第三节　文化中介组织的分类

当今世界各国特别是具有文化自治传统的欧美国家，文化中介组织的产生已经具有相当长的历史了，这些中介组织在长期的发展过程中，已经形成了各自的特点，具有不同的形式。下文侧重从文化中介组织的性质和职能两个维度对其进行分类。

一、中介组织在性质上的分类

文化中介组织性质的不同，主要是指文化中介组织在组织形式上表现出来的与政府和学校的关系的亲密程度。这是一个相对意义的概念，没有绝对的区分标准。

（一）半官方性质的中介机构

这是一类接近政府机构的形式，但又不等同于政府部门的中介机构，我们不妨称之为半官方性质的中介机构。这种机构的主要特点在于：它一般是由官方倡导或者提议创办，维持经费尽管大多是由政府部门提供，但它与政府并不是一种完全行政隶属关系，在政府一定的政策框架之下，其活动有一定程度的独立性。这种独立性不仅表现为它在不完全受政府控制的情况下，独立地向学校行使某些职能，如资源分配，专业、课程设置的管理，学科的确定以及政策执行情况的督导等；而且还表现为，它有权力根据文化内部的运作情况，以及自我运作过程中发现的问题，向政府部门提出交涉，如对政府的规划、目标等。

半官方中介机构的形式是多种多样的，其中最具有代表性的有三个类型。

第一类如英国的英格兰、苏格兰和威尔士高等文化基金会（其前身为具有深远影响的大学拨款委员会），美国的州高等文化协调委员会，日本的大学审议会及临时大学问题审议会，法国的高等文化和科学审议会及全国评估委员会等，它们的共同特点是由国家或州政府倡导创立，机构中可能有行政政府人员参与，但大多数成员由政府以外的社会和高校人士组成，机构在政府部门的要求下独立地行使其特定职能。此外，这类机构还有一种临时性的组织形式，如英美等国家，政府为了有效地实施和推动某些改革，往往组建一些专门的研究团体，为其提供决策咨询。

第二类以德国的科学审议会、联邦与各州文化规划和科学促进委员会等机构为代表。这些机构一般由联邦政府、州政府和大学人士组成，其创办往往是联邦、各州和大学出于共同协调需要的结果。

第三类以德国的各州文化部长会议（KMK）为典型代表，该机构尽管工作人员是由各州的文化部长组成，但它是自发性的组织，不属于政府的职能部门。

（二）民间性中介机构

这是一类中间型的机构形式，它“完全独立于政府、大学之外”，是由社会知名人士或由社会团体举办的非官方组织。设置形态可以是财团法人，也可以是临时的执行特定职能的组织，属于一种民间的、自治的机构。

民间性中介机构，个别的是某些社会群体出于自身利益的考虑而创办的，但大多数是出于对高等文化事业发展的关心，因此它们的活动宗旨更具有公正无私的非营利性色彩，体现了一种社会各界广泛参与的精神。

以财团法人形态设置的中介机构在世界各国分布比较广泛。有些是专业性的组织，如美国著名的高等文化鉴定协会（COPA），它是在第二次世界大战后逐步发展起来的，其成员是三个庞大的系统的集合：（1）学校鉴定机构集合，包括5个全国性组织与9个地区性组织。（2）专业鉴定机构集合，包括36个专业鉴定组织。（3）全国高等文化组织集合，包括7个组织。COPA的鉴定在美国具有相当的权威性，它的较完善的指标系统，成为美国高校内部行为调整的主要依据，而其科学的评估程序，又在一定意义上代表了政府，起了质量控制的作用；还有些中介机构属于基金会组织，像美国的几个大型文化基金会如福特基金会、洛克菲勒基金会等，都不同程度地介入了高等文化内部和政府的有关决策过程。而最有影响的当属卡耐基教学促进会，它在通过提供资助向高校施加影响的同时，又专门成立高等文化政策研究委员会，开展大量的调查和研究工作，委员会的许多研究报告在高等文化界产生了很大的反响，甚至对美国政府高等文化的有关政策起到了推动作用。

以临时性组织形式出现的中介机构，通常是一些由社会其他事业部门，如新闻媒体举办的具有特定职能的机构，这种形式虽不多见，但其活动的影响力不可忽视。如1992年和1993年，英国的《泰晤士报》在银行的资助下，两度组建的大学评比团，1989—1990年，联邦德国《明镜》杂志和比勒菲尔德大学民意测验研究所共同筹建的民意调查性的评比组织，分别对本国的大学和学科进行了全面的打分评比。它们的活动结果在社会上特别是大学中引起了强烈的反响，给大学造成了巨大的压力，同时，也为政府部门所关注，因而被视为政府全面决策的依据。

（三）学术性的中介机构

这是一类与高等学校关系较为密切的组织，它主要是指那些完全由高等学校人员组成的机构，这些机构在财政和职能运作上完全独立，一般以维护高等学校的整体利益，保证高等教育的整体水平为宗旨，履行校际间、政府和高校间的协调功能。

学术中介机构的“学术性”，是针对机构由高校合作创办、组成人员几乎都是来自高校的这一特点而言的，并不意味着它一定是专业化的学术组织。从人员身份的角度划分，大致有以下几种形式。

1. 由高校管理人员组成的社团

如英国的大学校长委员会（CUCP），美国的美国文化理事会、全国文化管理协会（NCPEA）、大学文化管理联合会（UCEA），英国的大学校长会议，德国的大学校长联合会（WRK），法国的大学校长会议，日本的私立大学联合会此类。这些机构的成员资格是单位，而不是个人。因此，它们多关心的是机构间包括机构与政府间的部门利益协调。

2. 由高校教师或学生代表组成的社团

如美国的大学教授协会和全国教师联合会、英国的大学教师协会和全国大学生联合会、德国的大学生服务总社等，它们一般是自发性的，并具有一定独立性的组织，作为本群体的利益代表对高等学校和政府改革政策与措施发表自己的意见。同时，政府也借助于这些组织进行一些疏通工作，消除分歧。

3. 由高等学校的专业人员组成的社团

如日本的大学基准协会，它是由四年制大学中的一些权威人士组成，属于非营利性的职能团体，其制定的“大学设置标准”为文部省所采纳，并以此作为新设大学的基本标准。此外，许多由高校人员联合组织的评估和鉴定组织、研究性的文化协会团体等，由于它们都或多或少地介入政府对高校的管理或决策过程，因此它们也具有中介机构的特性。

以上就各种中介机构的性质进行了大致的分类。从三种模式的中介机构的分布看，比较强调集中管理的国家，官方参与高校活动的程度最高，因此中介机构多属于半官方性的组织，如法国、瑞典等国家；典型的分权而又非常强调市场作用的国家，如美国，社会的参与程度较高，因此民间性机构非常广泛；那些高等文化自治传统深厚的国家，则往往是学术性的中介机构在发挥突出的作用。由于当今世界显性和隐性模式国家的管理体制都在不同程度地发生变化，两种模式间界限越来越模糊不清，因此各国的中介机构都出现了一个多元化的趋势。

二、文化中介组织在职能运作上的分类

（一）文化评估中介机构

文化评估一般分为内部评估与外部评估。内部评估是自我评估，外部评估一般由政府或专业评估机构进行。目前，发达国家都具有比较成型的外部评估机构，形成了四种具有代表性的评估模式。美国模式就是由综合性的评估中介机构来统一分散的专业评估中介机构，这些机构一般是非官方性质的；在英国则形成了官方的中介机构——“高等文化基金委员会”与亲民间的机构——“高等文化质量委员会”并存的双轨格局，前者负责对专业方面的评估，后者负责对学校的整体评估；在荷兰，两个非官方中介机构——“荷兰大学协会”和“荷兰高等职业文化学院联合会”，负责对高等院校的文化评估工作，官方机构——高等文化督导团，负责对上述两个评估机构进行评估；法国的“国家评估委员会”独立于高校，直接向总统负责。

在我国，虽然政府在《高等教育法》中肯定高校是独立的法人，并接受文化管理部门的监督和组织的评估，但现实中，评估主体主要是政府。近年来，文化部开始有意发挥半官方的评估中介组织的作用，地方上也相继出现了一些半官方的文化评估院，但相对独立的稳定的专业评估机构尚未真正建立。概而言之，我国高等文化评估中介机构存在以下问题：第一，独立性不强。在我国，政府是高校主要的投资者、管理者和评估者。近年来，虽然一些半官方的评估中介机构渐渐发挥作用，但政府的干预仍过多。第二，职能不清。我国中介机构的评估多限于终结性评估，其结果只是一种判断、某种资格证明，只有以诊断为主的形成性评估才能为政府决策提供依据。这反映了中介机构在职能定位上不够明确。第三，立法滞后。当务之急是加紧立法，以法律形式重新明确中介机构的法律地位以及政府与中介机构的关系。第四，透明度不高。中介机构应将评估结果向社会公开，接受社会的监督，这样才能体现其公开性、公正性。

目前，一些学者正从不同的角度试图构建我国高等文化评估中介机构的基本框架。我们认为，最重要的一点是，必须认识到政府中介组织之间不是行政

上的上下级关系，必须从法律上明确两者之间的关系，并赋予中介组织较大的独立性。政府通过设置评估机构、让官员充当中介组织成员等方式来实施宏观调控，以取代以前的过度干预。此外，中介机构的成员来源应具广泛性，其中高等文化专家应保持一定的比例，以维护其学术上的权威性，保证评估的学术导向。

(二) 文化融资中介机构

高等教育的质量越来越受到全社会的关注。政府将纳税人的钱越来越多地投入高等文化领域，但资金的投入与高校文化质量的改善并不一定成正比例。从某种角度来看，学生交纳学费来购买文化服务，其预先支付的成本已经确定了高校收益的大小，因此，改善文化服务质量的主动权掌握在高校手中而不是在顾客（学生）手中。也就是说，文化服务质量的优劣与学生交纳的学费并不存在直接关系。由于高校也是理性的“经济人”，在预付成本既定的情况下，其自身利益最大化有可能来源于文化经费的节约和缩减，而经费的缩减有可能与文化质量下滑有关。

因此，在许多国家或地区，公众对政府与高校的不满与日俱增，要求政府增加拨款的透明度以及要求高校对资金的效率与效益作出解释的呼声日渐高涨。为此，一些政府往往不把经费直接拨给学校，而是经由中介机构，根据对高校的评估结果再分配经费，拨款常常与评估结果挂钩。这样既有利于政府拨款的公正性，也有助于高校不断地提高文化质量。如英国的大学拨款委员会、中国香港的大学和理工文化资助委员会等就属于这种类型的拨款中介机构。这些机构负责质量评估，并将评估结果同资金分配联系起来，确保高校对资金使用的效益和效率。

对于我国的文化拨款中介机构，我们设想如下。它是一个官方的中介机构，隶属于文化行政部门，但应具有较大的独立性。其成员包括政府官员、文化专家、学者、工商界人士等。它的主要职能是：为政府制订大学整体财政计划；明确各高校使用经费应承担的义务；与评估机构密切配合，将拨款与评估结果挂钩；确保经费使用的效益和效率；等等。同时，它本身应接受政府部门和社会的监督。

(三) 文化咨询中介机构

文化咨询中介机构主要是为政府的文化决策服务。文化决策在很大程度上依赖于信息的收集、整理、加工和处理，而信息的全面、具体、准确、及时，会直接影响决策的有效性。由相对独立的中介机构来提供咨询，往往能获得比较公正、全面、准确的信息，从而有利于决策。如日本的中央文化市议会、临时文化审议会、大学文化审议会，其成员大多为文化方面的专家、学者。他们负责收集与大学相关的情报信息，提出咨询报告，其内容涉及诸如大学设课量、课程安排、学位改善等方面，为政府的正确决策提供了重要依据。中国香港的高等绩效管理主要由五个咨询机构（文化统筹委员会、文化委员会、大学和理工文化资助委员会、职业训练局、研究资助局）组成。它们广泛地征询各高等学校及社会各界人士的意见，然后加以研究整理，向政府提出建议。美国的卡耐基高等文化政策委员会是一个由高校的领导、文化专家、企业界和政界知名人士等组成的中介机构，就美国的高等文化问题展开调查、分析和研究，并向高校和政府提供发展建议和政策咨询，以此来推动美国高等文化的发展。

在我国，应多建立这样一些具有相对独立性的中介机构，其成员包括社会各界特别是教育界权威人士。他们接受政府委托开展调查工作，坚持学术导向，只对自己的研究负责，不受政府干预（但接受政府监督），也不为其他利益所左右。这样做出的调查结果才能充分体现公正性、科学性、客观性原则，也能真正为政府的正确决策提供服务。

(四) 文化交流中介机构

在市场经济条件下，如今的人力资源配置不再是计划性的调节和分配，而是市场机制在起决定性作用。市场调节的效率往往基于相关信息的准确性和完备性。在现实中，个人、家庭或者用人单位很难全部掌握劳动力市场所有信息以及高等文化机构所提供的文化服务的价格、质量等。换言之，由于存在着信息的不对称、不完整，“市场失灵”是经常发生的。人才、信息交流中介机构的存在，为双方相互了解、相互选择提供了机会，为人们更高效地获取信息提供了场所，并大大减少了交易成本，从而有利于“人尽其才”“各取所需”。高校毕业生就业指导中心、高校科技人才交流中心等就属于这种中介机构。为了建立教师市场，为教师的全员聘任创造必要的条件，我们需要更多地建立相关的中介组织。

此外，在国际人才交流方面，留学服务中心担任着重要角色。以前由于行政干预过多，留学程序复杂、烦琐。如今，由于留学中介机构的介入，留学程序大大简化，从而很好地促进了人才交流。中介机构除了提供信息服务外，还承担了语言培训考试等多项服务功能。加入 WTO 后，出国留学和来华留学人员进一步增多，中介机构将发挥更大的作用。例如，来华人员需要语言培训，希望了解中国文化、风俗习惯等，这都需要中介机构来提供服务。

（五）文化后勤服务中介机构

高校是一种典型的单位组织。长期以来，我国的高校承担了过多的职能，导致机构膨胀、人员臃肿，直接影响教学与科研这两个基本职能的发挥。近年来，随着高校扩招，后勤服务越来越成为制约高校进一步发展的瓶颈。从 1998 年下半年开始，许多高校逐步开始了后勤服务社会化的改革，把高校后勤事务从学校行政系统分离出来，使之成为自主经营、自负盈亏、独立核算、参与竞争的经济实体。此举打破了多年来学校与后勤服务部门的传统关系，使双方由行政隶属关系转变为契约型关系，从而大大减轻了学校的负担。例如，目前上海市参加分离转制的高校已超过一半，70% 的后勤干部职工已从旧体制中分离出来。

问题是，如果仅仅把高校后勤事务承包给后勤服务中心（或集团公司），在缺乏有效监督和竞争机制的情况下，他们为了追求自身利益最大化，其服务质量必将大打折扣。后勤服务中介机构的介入，能有效解决这一难题。中介机构应当是相对独立的机构，其成员可包括学校行政人员、教师、职工、学生等。中介机构负责将学校的后勤项目面向社会公开招标，允许高校后勤服务中心（集团公司）与社会上其他企业一起竞标，然后择优录用，并对中标企业的服务过程进行有效的监督检查，不规范经营的将遭淘汰。这样，通过中介机构，师生可以自主选择自己满意的后勤服务企业来为自己服务。

文化中介组织在促进高等文化革新、提供某些公共物品或服务方面，的确具有独特的作用。它发挥积极作用的前提条件是行为规范、独立自主、公平公正，否则中介组织的负作用就会体现出来。因此，除了以立法形式明确中介组织的性质、地位、职能、分类、作用、权利与义务外，建立完备的监督机制也是必要的。监督既有政府监督、同行业的相互监督，还包括中介组织本身的自律。在人们的心目中，文化中介组织应是这样的一个组织：灵活、独立、公正，把信誉看作生命。

第四节　文化中介组织的职能

一、提升行业协调与管理职能

就职业文化内部来讲，它是一个包括不同部门和等级、部类和层次的复杂体，每一机构都有自己的特点和期望，而外部每一主体也是由许多不同的单元组成，每一单元也具有自己独特的要求。职业文化中介组织作为处理职业文化与外部主体相互关系的组织，今后必须提升协调职业文化和各主体内部的职能。这种协调要在不同职业院校和培训机构之间进行，也要在同一部门内不同机构之间进行，它要在政府不同部门的要求之间进行，也要在不同经济行业和企业的利益中穿梭，并能够有效地解决对职业文化系统内部纷争、平衡利益，提高职业文化办学效率。如澳大利亚职业文化的专业和课程设置，以行业组织制定的职业能力标准和国家统一的证书制度为依据，具体内容和安排由企业、专业团体、学院和文化部门联合制定。目前国内纷纷成立的职业文化集团，就充分发挥了行业协调与管理职能。

二、扩展利益申诉与权益维护职能

在职业文化与外部其他部门的竞争中，或是在职业文化内部不同部门、机构和团体之间的角逐中，具有共同利益和相似地位的机构经常结成联盟，以共同的声音和行动取得优势。如有些地方的校长专业委员会等职业文化中介组织，就联合表达意见并向相关机构提出代表相关学校的整体意见。职业文化中介组织，特别是非官方的民间组织今后应该在利益申诉和行业维权方面发挥更多作用。

三、强化研究与咨询职能

职业文化中介组织是宏观和微观的接合部、外部主体和内部机构的连接点。一方面，面对其他利益主体，它们是本行业或有共同利益团体的总代表，提供信息、反映呼声；另一方面，面对内部个别机构，它们又是行业内部协商、集体决策的论坛。作为论坛以及研究的功能是几乎所有职业文化中介组织应该强化的。如各种职业文化学会、协会以及职业文化研究机构等，就应该积极承担更多的研究与咨询职能。

四、发挥缓冲作用

职业文化作为培养技能型人才的组织，与社会其他组织类型不同，具有独特的规律性。如何既接受社会的指导和要求、又遵循自身规律成为职业文化面临的一个重大问题。如果片面纵容、迁就外部压力，职业文化可能由于外部较为“近视”的需求、外行的瞎指挥等原因造成职教事业的衰败。如果过分固守自己的园地、拒绝外部的任何介入，职业文化可能会由于缺少社会的支持而丧失存在的合理性。当外部压力变得异常大并且不可改变、必须服从的时候，职业文化如何努力遵循自身规律成为一个实际的问题。这时，介于外部主体与职业文化之间的中介组织所发挥的缓冲作用则是很好的解决方法。一方面，它将职业文化在外部压力下保护起来，避免其受到直接的政府和社会干预；另一方面，对外部要求和压力进行理性化的过滤，以合适的方式传达给职业文化机构并使其得以执行。

第五节　发展文化中介组织的重要性

在中国历史上，很早就出现过被称为“牙侩”“牙郎”“牙人”“合跑人”等的中介从业者。20 世纪 80 年代的“穴头”，可以说是今天文化经纪人的雏形。20 世纪 90 年代中期，随着《演出市场管理条例》的颁布，“穴头”成为拥有合法身份的文化经纪人。文化中介组织是文化市场的重要组成部分，是文化产业发达的一个重要标志。文化中介，就是介于文化商品的生产者和文化市场消费者之间的、为文化商品进行市场交换，从事沟通、协调、公证、评价、监督、咨询服务、促成交易成功而收取佣金的文化服务机构以及各种行业协会。

文化中介组织有助于提升文化市场效率，合理配置文化资源是文化产业发展的重要基础。文化中介组织的经营与服务为文化资源的高效合理配置提供了有效途径。例如，一些文化中介组织在文化产品的交换活动中，通过经纪人的创造性智力劳动与服务，为文化交易双方提供沟通、合作、成交的机会，拓展文化信息传播渠道，大大降低了文化市场交易成本。随着我国文化市场发展，各类文化中介组织广泛出现，丰富了文化市场活动，加速了文化商品流通，优化了文化产业链条。

一、进一步扩大了文化信息传播渠道，加速了文化商品流通

文化中介组织在文化商品的交换活动中，通过经纪人的创造性智力劳动与服务，不仅为文化交易的双方提供了接触的机遇、成交的可能，而且也为文化信息的传播拓展了一种交往、对话的渠道，从而扩大了文化信息的传播，加速了文化商品的流通。它改变了计划经济时代文化传播的单一性和滞后性，为文化产品发挥其社会效益和经济效益创造了更多更好的条件。尤其是专业的文化中介组织，利用自身的专业和信息资源优势，能够最大化地传播文化信息，促进文化产品的进一步交流，以创造出更多的经济效益和产生更大的社会效益。

发挥文化中介组织的行业指导作用。文化中介组织包含了文化行业内的大部分企业，在充分掌握信息、了解行业动态的前提下，它可以进行有效的行业指导，同时通过促进不同省市间的企业合作交流，打破行业壁垒，在产业协同发展中起跨区域产业联动的作用，文化中介组织应为当地企业进行数据统计和调研分析，收集行业信息，构建信息资源库，为企业提供可行性研究报告，帮助企业在产业转移中制定发展规划，加强自身服务职能，在行业内起指导作用。同时，文化中介组织应发挥整合功能，搭建合作交流平台，促进文化产业内有序分工合作，推动产业集群建设，促进协同发展。

二、能够促进文化资源合理配置，拓展文化再生产规模

文化资源是现代文化生产的重要基地，由文化生产的文本要素、资本要素、设备要素、技术要素、人才要素等构成。合理配置文化资源是发展文化再生产规模的最基本因素。文化资源的合理配置，可以通过文化企业内部的体制改革与文化企业之间的横向重组得以实现；而文化中介组织则是在文化市场的层面，给文化企业的资源配置提供了机制，可以刺激和疏导文化资源在企业内和行业间的合理配置。

发挥文化中介组织的资源配置作用。2018 年中央经济工作会议中，习近平总书记提出，新的一年我国要加快经济体制改革，切实转变政府职能，从各个方面减少政府对资源的直接配置。欠发达地区想要将区域内的资源要素转化为竞争优势，按照市场经济规律的要求构建充满活力的区域性市场，必须充分发挥产业中介组织的优势和作用，从第三方的角度推动形成协同机制。通过文化产业中介组织，可以建立资源要素交易机构和网络信息平台，打破行政壁垒，实现互联互通，推动各地要素合理配置，进一步促进政府职能转变。

三、能够引导文化消费，培育文化消费群体

作为文化市场的经营主体，文化中介组织直接面向广大文化消费群体。职业的文化经济实践与专业的文化经济知识使文化经纪人能够较为准确地了解文化市场的需求，及时地把握文化消费的动向。灵敏的市场嗅觉与创新的经纪理念使文化经纪人在顺应文化大众消费心态的同时，能够因势利导，引起文化消费热潮，培育文化消费群体。可以说，在当代世界各国此起彼伏的文化消费热潮中，文化经纪人称得上是文化消费时尚的弄潮儿。

发挥文化中介组织的桥梁纽带作用。文化中介组织是市场经济体系中的有机组成部分，也是政府管理社会、服务经济的重要媒介。在产业转移的过程中，它可以介于企业与政府之间。一方面，对行业内的经济信息以及企业的需求和建议进行收集、整理，并及时将信息提供给有关部门，使宏观调控的政策能够解决企业实际问题；另一方面，在政府颁布实施有关产业政策时，文化中

介组织可以解读政策，并将政府意图有效转达给市场微观主体，让企业充分享受到政策优惠，促进企业与政府的沟通，提高宏观调控的效率。

四、有利于开发文化专业市场，构建支柱文化产业格局

文化中介组织在现存的文化市场中从事文化商品经纪活动，而且在开拓文化市场中涉及中介领域，这就使其在文化市场的不断发展和演变中形成一种重要的力量。一方面，完善文化专业市场的结构；另一方面，构建文化产业，文化策划市场、文化人才市场、文化节目市场、文化出租市场、文化开发市场等各种跨行业文化专业市场的相继萌芽与发展是和文化经纪人的作用分不开的。

发挥文化产业中介组织的市场职能。文化产业中介组织是非政府机构，在经济市场中能够替代政府独立地进行部分公共管理工作，通过多种方式带动社会自律。在欠发达地区，文化产业协同发展的根本动力是市场，突破市场中行政壁垒的限制，不仅要促进要素流动，还要统一市场。文化产业中介组织在承担政府资源配置工作的基础上，也可以对产品、服务和产权等商品市场进行统一，在政府的引导下建立协同一致的市场准入体系，同时协调欠发达地区的竞争机制，从市场的角度管理企业主体行为，通过自治和自律的方式规范企业，倡导企业间的良性竞争，提高市场运行质量。

总的来说，文化中介组织的稳定发展是促进欠发达地区经济发展、政府职能转变、发挥市场竞争优势的前提条件和现实保证，在国家发展战略的引导下，文化中介组织应明确总体发展目标，促进各地区资源要素合理分配的同时统一和规范市场，分担政府职能，并在产业转移对接等工作中发挥自身的桥梁纽带作用，促进政府与企业的沟通，在市场中以文化中介组织为机制带动欠发达地区产业协同。

第六节　文化中介组织管理

一、文化中介组织的战略管理

适应社会主义市场经济发展的需要，我国目前已经形成了内容丰富的中介

组织体系。可以毫不夸张地说，凡是市场主体需要有第三种力量介入的领域，都有相应的中介组织为之提供服务。

文化中介组织作为其中的一种，发展非常迅速，但也存在很多问题。大部分文化中介机构行政色彩较浓，有的甚至是行政机关某个部门的翻牌公司。大部分发展不快，现代化建设程度不高，运作理念陈旧，因而介入文化市场的程度也不深。所以对文化中介组织的战略管理应该非常慎重。

作为一种新的管理途径或思维方式，战略管理日益受到文化中介组织者的重视。在当前竞争日益激烈的市场经济条件下，考虑中介组织所面临的环境，考虑中介组织的长远发展目标和未来，提高自身竞争力成为中介组织管理最基本的管理任务和内容。战略管理可视为一种客观、逻辑和系统的过程和步骤。对于战略管理的过程，总体上包括四个环节，即战略分析、战略制定、战略实施、战略评价。

（一）战略分析

对于文化中介组织而言，战略分析就是管理者对组织自身所处的环境进行的综合分析，是战略管理过程的关键环节和要素。环境在很大程度上规定了管理部门可能的选择。成功的战略大多是那些与环境相适应的战略。管理部门应很好地分析文化中介组织所处的环境，了解政府法律法规对组织可能产生的影响，以及文化中介组织所在地的劳动供给状况等。其中，环境分析的重点是把握环境的变化和发展趋势。关于环境的信息可以通过各种各样的外部资源来获取。对环境可以从外部和内部这两个方面来分析。内部环境是指组织内部的环境，包括组织宗旨、职员的素质、办公气氛等，外部环境指的是市场环境和政府相关政策。对内、外部环境的分析可以采用SWOT分析法、内部因素分析法和外部因素分析法。

分析了环境之后，管理部门需要评估环境中哪些机会可以利用，以及组织可能面临的威胁。机会和威胁都是环境的特征。威胁会阻碍组织目标的实现，而机会则相反。对文化中介组织发展有利的，我们要加以利用。对不利于文化中介组织发展的方面，我们要加以回避，有时也可把不利条件变成有利条件来促进组织发展壮大。

（二）战略制定

战略制定即战略规划，是在战略分析的基础上研究战略的过程，也是将思想转换成现实的过程。文化中介组织战略制定与战略实施是文化中介组织战略管理中的核心。战略制定是实施战略管理的基础，而战略实施则是战略执行的手段。企业战略制定的正确与否及战略实施效果的好坏，都直接关系到企业战略管理的成败。文化中介组织的战略制定是在组织宗旨的指导下，结合分析得出的资料，制定出有利于组织发展的文化中介组织战略的活动。最好制定两到三个战略，这样可以进行战略比较，从中选出最利于文化中介组织发展的战略。著名学者纳特和巴可夫曾提出过战略规划的六步方略：第一步，根据环境发展趋势、总体方向及标准概念描述组织的历史关联因素；第二步，根据现在的优势和劣势、未来的机遇与威胁分析判断目前的形势；第三步，制定出当前要解决的战略问题议程；第四步，设计战略选择方案，以解决需要优先解决的问题；第五步，根据利害关系人和所需要的资源评价战略选择方案；第六步，通过资源配置和对人员管理贯彻需要优先考虑的战略。

（三）战略实施

战略实施就是指实施制定的战略的过程。无论战略制定得多么有效，如果不能恰当地实施仍不可能保证组织的成功。另外，在战略实施过程中，最高管理者的领导能力固然重要，但中层和基层管理者执行计划的主动性也同样重要。管理当局需要通过招聘、选拔、处罚、调换、提升乃至解雇职员以确保组织战略目标的实现。再完美的战略在实施过程的也可能会出现问题。所以在实施战略之前要制定应急措施，处理可能出现的问题。

（四）战略评价

战略评价是监督实施，并对战略实施的绩效进行系统性评价的过程。从战略管理体系来看，它着重于建立一种反馈机制。战略评价是指检测战略实施进展，评价战略执行业绩，不断修正战略决策，以期达到预期目标。战略评价包括三项基本活动：考察企业战略的内在基础；将预期结果与实际结果进行比较；采取纠正措施以保证行动与计划的一致。文化中介组织可以在战略评价阶段使用以下标准。

1. 一致性

战略的一个关键作用是与企业的活动相一致，然而在实际工作中，不一致性是司空见惯的。下面是一些具体的问题。

（1）协调和计划上的问题是由于管理不善还是人为因素所致？如不是人为因素，那可能是因为战略不一致造成的。

（2）企业中某一部门或单位的成功是否意味着另一个部门或单位的失败？如果是这样，那么这个战略很可能是不一致的。

（3）尽管权力下放，作业上出现的问题是否要继续上交企业主管人员来解决？如果是这样，那么这个战略很可能是不一致的。

（4）战略是否与企业的价值观相一致？

2. 和谐与适合性

企业与环境之间的关系需解决好两个问题，即企业必须配合和适应环境的变化，同时与其他试图适应环境的企业相竞争。下面是一些具体问题。

（1）战略选择方案在多大程度上处理了战略分析过程中发现的问题？

（2）战略是否利用了企业的优势和机会？

（3）战略是否与目标相一致？

（4）战略在处理瞬息万变的环境变化方面是否有足够的灵活性？

3. 可行性

在企业设备、人力和财务资源制约因素的情况下是否能够推行所制定的战略是个很关键的问题。可以提出一系列的问题。

（1）文化中介组织是否有解决问题或者实施战略所需要的特别能力？

（2）文化中介组织是否有实施战略所必备的协调和综合能力？

（3）文化中介组织是否有实施战略所需的资金？

（4）文化中介组织是否有能力达到预期的水平？

（5）文化中介组织是否有能力应付竞争对手的行动？

（6）文化中介组织能否获得必需的材料和服务？

4. 可接受性

可接受性指战略是否与主要利益相关者的期望相一致：

（1）财务风险变化如何？

（2）战略会对资本结构产生什么影响？

（3）所考虑的战略是否适合现行的系统？是否需要大幅度的变革？

（4）在多大程度上战略会影响与主要利益相关者的关系？

（5）战略对企业内部各部门的职能和活动会产生什么影响？

5. 优势性

竞争优势一般与下列三个问题有关：较多的资源，较强的技能，较有利的地位。前两个因素代表了企业强于或优于其竞争对手的能力。根本的问题是：哪些技能和资源占竞争优势？

地位优势可以通过预见能力、较强的技能、较多的资源或运气得到，一旦具备了这种优势，企业可以维持其地位优势，应该提出以下具体问题：

（1）战略是否能通过提供值得信赖和可靠的产品与服务而给企业带来一定的声誉？

（2）在满足市场需求的过程中，战略是否有助于企业积累独特的经验？战略是否能使企业在地理位置上更接近主要的顾客？

二、文化中介组织的项目管理

文化中介组织日益发展壮大，对其项目管理变得越来越重要。文化中介组织的项目管理包含以下几个方面。

（一）项目启动

项目启动就是确定一个项目或一个阶段应当开始并付诸行动。项目启动过程十分重要，它是文化中介组织中介组织对未来作出的规划。

（二）方案制定

根据项目背景和国家当前的政策制定详细的方案，以此来指导项目的实施。对项目实施过程中可能出现的一些紧急状况制定处理措施，以免到时手足无措。

（三）项目实施

根据先前制定好的方案进行项目实施，不过可以根据已变化的情况灵活处理，不要求完全按照方案实施，但大体应相同。

在项目实施前，组织应协调全体员工，尽可能地提高大家的积极性与创造性，使大家的效用和潜能尽可能地发挥出来。同时也可以组织学习活动提高大家的整体的素质。也要建立激励机制，对表现优异的人员进行表扬和奖赏。而且对员工的利益分配要尽可能地公平与合理。

（四）项目控制

项目控制就是对项目实施情况进行监控，对实施过程中出现的问题加以妥善解决。

（五）项目结束

项目结束过程就是通过对项目或项目阶段成果的正式接收，使项目从启动到结束有条不紊地进行。

三、文化中介组织的人力资源管理

人力资源对一个组织而言是很重要的，文化中介组织的人力资源管理可以从以下几个方面来进行。

（一）要树立“以人为本”的科学管理理念

实现人力资源的优化配置“以人为本”的管理思想，简单地说就是人本管理。

（二）注重人力资源投资的开发与人力资本投资

人才的开发、发展和完善，根本途径在于组织教育培训。优化组织教育培训，意味着组织要以更高的资本投入来获得更高的生产效率和产品质量。

（三）建立灵活的竞争机制

引进竞争机制有利于个人才能的发挥、个人利益的实现，可以真正实现公开、公平、公正的用人自主权，使企业引进需要的人，淘汰富余的人，建立干部能上能下、员工能进能出的灵活竞争机制，搞活企业，提高生产效率，让优秀人才有用武之地，让他们能在适合自己的岗位上得到发展，从而为企业创造更多的利润。

四、文化中介组织的绩效管理

随着文化中介组织发展及其作用的凸显，文化中介组织绩效管理与评估作为新兴的公共管理研究领域、文化中介组织管理的有效手段，已受到社会各界的关注。本节重点探讨文化中介组织绩效管理与评估的定义、功能、作用、类型、程序和方法等基本理论问题，从而在实践中更好地组织和实施文化中介组织绩效管理与评估，加快文化中介组织健康发展。

（一）文化中介组织绩效与绩效管理

绩效管理是文化中介组织进行有效管理的一种强有力工具。文化中介组织在市场经济中运用绩效有着特殊的重要性。实践中，文化中介组织的发展面临着许多问题，这在很大程度上制约了文化中介组织的发展、壮大，需要引入新的管理机制，尤其是建立绩效管理机制，这样才能在现有条件下推动文化中介组织的发展。但把绩效用于文化中介组织行为效果的衡量，反映文化中介组织绩效时，其含义既不同于企业，也不同于政府中的公共部门。由于中介组织的公益性和中介性等特有的属性，其绩效更体现为效率及其社会效果、公益性的结合，但强调文化中介组织的绩效，则可以使文化中介组织特有的社会价值得到体现。如何使中介组织更有效地完成桥梁作用，弥补政府与市场的不足，更好地为社会服务，是当代中介组织成熟的重要标志之一。因此，绩效管理成为推进中介组织深入改革与发展、提高绩效的重要策略和工具。

（二）文化中介组织进行绩效管理的必要性

首先，实现组织自身目标的需要。从组织的角度分析，组织的总目标被分解为各个业务单元的分目标和各个职位上的每位工作者的目标；而每位工作者目标的达成就构成了业务单元分目标的达成，组织的整体目标是由各个业务单元的绩效来支持的，其实最终还是归结到每个员工的绩效。因此，只有通过对团队和个人绩效目标的监控以及对绩效结果的评估，组织才可能有效地了解目标达成的情况，才有可能发现阻碍目标达成的原因，才可能为人员的调配和人员的培训与发展提供有效的信息。所以绩效管理是实现组织目标的一项活动。

其次，管理者实现管理目标的需要。组织的管理者承担着组织赋予的目标，而每个管理者都是通过自己的业务单元或团队来实现自己的目标，管理者都渴望自己在管理上取得成功。因此管理者需要将组织的目标传递给团队中的员工，并取得他们对目标的认同，使团队成员向着目标努力。与此同时，管理者需要把组织赋予的目标分解到每位员工的身上，因为这个目标不是通过管理者一个人的努力就能实现的，而是必须通过团队中的每一个人共同努力才能实现。管理者需要告诉员工自己对他们的工作期望，使员工了解哪些工作相对重要，哪些方面员工可以自己作决策，管理者也需要让员工知道各项工作绩效的衡量标准是什么。管理者还希望能掌握一些信息，关于工作计划和项目的执行情况，关于员工的状况等。而绩效管理使管理者有了一个能够向员工说明自己对工作的期望和对工作的衡量标准的途径，也使得管理者能对绩效计划的实施情况进行监督与控制，最终实现管理目标。

最后，员工成长过程中实现自己目标的需要。员工在组织的绩效管理过程中是以被管理者和被评估者的角色出现的。管理者对他们的评估对员工来说是一件有压力的事情，是与自己的成长和实现自己的目标相联系的。因此，员工也需要通过绩效管理来了解和提高自己的绩效，了解自己在哪些方面还有待发展，提高自己对工作的胜任能力。

（三）文化中介组织绩效管理

1. 文化中介组织绩效管理的定义

学者夏弗里茨和鲁塞尔认为，公共部门绩效管理是组织系统整合组织自愿达成其目标的行为。美国国家绩效评估小组给出的定义是：绩效管理是利用绩效信息协助制定统一的绩效目标，进行资源配置与优化。首先是顺序的安排，以告知管理者维持或者改变既定目标计划，并且报告成功符合目标的管理过程①。绩效管理的对象是绩效，绩效管理有组织绩效管理、团队绩效管理、员工绩效管理三个层次。绩效的根基在员工，绩效管理的重点也在员工绩效管理上。对文化中介组织进行绩效管理，就是通过建立和利用整套科学的绩效管理体系，提高文化中介组织工作效率和人员的积极性，从而实现公益目标。具体来说，文化中介组织绩效管理是管理组织内员工绩效的系统，员工要参与到绩效管理过程中，通过组织与员工的不断沟通，将员工个人工作目标与组织联系在一起，使员工不断纠正工作中的偏差，根据组织的目标不断改进自己的业绩，双方在绩效评估内容和标准上达成共识。通过绩效计划、绩效实施与管

---

① 陈振明．公共管理学：一种不同于传统行政学的研究途径［M］．北京：人民出版社．2003：275.

理、绩效评估和绩效反馈不断改善员工业绩。绩效管理的思想精髓是以人为本，重视员工的发展，以达到实现组织目标和员工个人价值“双赢”的目的。

2. 文化中介组织绩效管理的特点

（1）文化中介组织绩效管理是一个系统，它包括绩效的界定、绩效的衡量以及绩效信息的反馈过程。

（2）文化中介组织绩效管理是将员工工作活动与组织目标联系在一起的过程。组织的绩效最终要通过员工的工作绩效来实现，员工工作绩效改善的根本目的是保证组织目标的实现。

（3）文化中介组织绩效管理是组织与员工不断沟通的过程。绩效管理通过管理者和员工持续不断地沟通，从而保证员工的工作过程以及工作结果始终与组织目标相一致。

（4）文化中介组织绩效管理活动的一般过程。社会中介性中介组织的绩效管理从发生的前后顺序来看，是一个检查评估是否达到目标的完整的系统过程。

（5）根据相关绩效信息和服务的要求，依据一定的指标和方法，将组织目标转化成可测量的绩效目标或指标。

（6）对目标进行分解。

（7）展开管理实施绩效目标的工作。

（8）在绩效管理实施过程中和结束后对是否达到绩效目标进行评估。

（四）文化中介组织绩效管理的价值

社会中介绩效管理在公共事业管理中具有十分重要的价值，即它能够促进公共事业管理绩效的提高。具体来讲，社会中介绩效管理的价值主要体现在以下两个方面。

一是绩效管理是促进公共事业管理绩效提高的重要的管理工具。绩效管理作为一种管理工具，最重要的莫过于在文化中介组织的管理中，引入了成本—效益机制，切合了文化中介组织管理的基本需要。绩效管理的成本—效益机制及对绩效的促进，主要表现在如下两方面①。

---

① 李坚，陈德权，等. 公共事业管理概论［M］. 北京：首都经贸大学出版社，2007：256.

第一，“结果导向”。绩效管理不否认程序和规则，但一切必须以产品的数量和质量是否满足公众的需求来衡量，并根据结果的需要来组织、落实和协调管理，从而为减少或克服以往管理的种种弊端开辟了一条路径。

第二，责任机制。责任机制内含管理人员的责任落实、资源的优化配置及整个组织的系统协调等，在一定程度上为促进绩效提供了可能。与营利性组织相比，文化中介组织自身缺乏效率机制的激励，其提供产品的特殊性也使得文化中介组织在一定程度上是垄断经营，加大了管理难度。

因此，文化中介组织的竞争机制只能通过能动的、有效的制度安排来实现。通过引入绩效管理，建立一定的激励约束机制，强化文化中介组织各部门的管理责任，就有可能解决上述问题。公益是目的，效率是手段，引入绩效管理最终还是为了顺利实现组织的公益目标。

文化中介组织首先要明确自己的公益性和中介性定位，继而完善组织的制度化建设，通过绩效管理等方法的应用实现自己的公益使命。

二是绩效管理是文化中介组织管理科学的评估工具。确定科学的可量化的指标进行管理目标分解和评估是绩效管理的基本方式。作为一种评估工具，绩效管理为科学地评估社会中介管理部门的内部管理提供了可能。随着时代的发展，社会和市场要求文化中介组织对其产品的生产和提供的服务有效性负责，并承担起这样一些责任：一是资源的配置是否有效率；二是资源必须使用在预定的结果方面。

绩效管理在文化中介组织管理部门中的应用，为公众从组织外部正确地认识和评价公共事业管理的结果提供了可能，并在一定程度上成为公众对社会中介进行监督、促进文化中介组织提高绩效的有效工具。绩效评估并不是一个静态的标准，而是一个动态过程，对文化中介组织的内部、外部都要进行评估，从财务、顾客、组织内部执行、学习与成长等各个方面来评价文化中介组织的活动绩效，把文化中介组织的策略转化为具体的目标和测评指标，为文化中介组织的生存发展策略的制定提供了重要依据。这种监督也能提高员工对组织的满意度，对照既定目标及时调整和规范自己的行为，提高了文化中介组织的人力资源水平和整体专业素质，这都有利于文化中介组织更有竞争力地健康发展。

第三章

文化中介组织的产生和发展

随着文化产业成为全球的新兴产业和21世纪的朝阳产业，文化在综合国力竞争中的地位和作用越来越突出，是国家竞争的软实力。世界主要发达国家都把文化产业作为国民经济支柱产业和新的经济增长点。如，日本就确立了21世纪文化立国的策略，它是亚洲第一文化产业大国。早在2000年，文化产业的产值就占其GDP的17%。韩国也提出，知识密集型和高附加值的文化产业是最适合韩国的产业。文化中介组织因其中介功能对文化产业发展有着必然联系，文化中介组织随着文化产业的高速发展也随之产生。

第一节　文化中介组织的产生

一、文化中介组织的产生原因

（一）根本原因——社会分工的要求

随着改革开放的不断深入和文化本身的发展，原有的半封闭性的垂直管理体系已经不适应文化发展的需求了。新的文化环境要求学校参与横向管理，将学校放置于社会发展的更大的环境之中，使社会、学校以及其他外部环境更有机地结合起来，推动文化的快速健康发展。从发达国家文化中介组织的发展历史来看，其产生和发展是完全自发的，是历史发展到一定阶段的必然产物，而不是某个人或某些组织人为设置的。文化中介组织的出现，是社会分工更细化、社会文化多元化的体现。

（二）政府职能转变的需要——政府宏观调控的有限性促使市场调节采取更加灵活的方式

现代社会的政府机构最显著的特点便是精简高效。过去政府机构大包大揽，对学校管得太多，管得太死。对政府机构而言，花费了大量的精力和资源，造成了严重的负担；对学校而言，政府的严格管理和审批，违反了文化教学规律，学校没有任何自主性，成了单纯的完成政府交办的任务的一个机构，学校和社会脱节严重。因此，在现代市场经济条件下，呼唤政府能够从一个微观管理者转变为一个宏观管理者，能够简政放权，还学校自由发展的空间和给予更多的自主权，政府从过去的指令性转变为指导性，而对于政府退出具体管理层面造成的空缺，理所应当需要由一个机构来承担，因此，文化中介组织的存在有其社会基础。

（三）物质基础——经济的发展

经济的快速发展，催生了市场对于学校人才培养的新要求，计划经济体制下的人才培养模式已经不适应市场经济的发展趋势，学校与社会脱节严重。在这种情况下，经济的不断发展为文化中介组织提供了有力的物质保障和广阔的发展空间，因此文化中介组织的出现，弥补了学校和社会之间的空缺，使得二者能够有良好的衔接。文化中介组织介入学校管理和培养，能够给学校提供符合社会发展的意见和建议，使学校的人才培养能够紧跟时代步伐，缩短文化和经济的距离。

（四）直接原因——学校的需要

灵活自由的学术氛围和宽松和谐的文化环境才能促使文化质量不断提升。社会的不断发展，要求加强不同学校之间的交流和合作，使先进的经验和做法能够互相交流。同时也需要建立起学校内部更加先进的管理模式和体制，加强学校文化质量的评估，合理设置专业和学科，给学生提供锻炼和实习的机会，促使学校不断更新教学理念，紧跟时代步伐。这些无一不需要文化中介组织的参与和介入。

二、中国文化中介组织的萌芽时期

（一）文化中介组织的萌芽与政府规范管理实践

在中国古代各个朝代，中介以组织或个体形式存在，主要是一种营生的手段，受到政府的管理，方式和手段有所差异。

（1）西周时期，管理市场的官职称为司市、载师、间胥师、费师、司稽、质人等。《周礼·地宫》第15卷有记载：“贾师各掌其次之资贿之治，辨其物而均平之，展其成而奠其贾，然后令市。”另外，还有“质人掌成市而货贿”之语。质人负责管理买卖成交的验证并发契券。低下的质人就是今天中介职业人的早期渊源。

（2）中介作为一种职业的产生应归于两汉时期，据《史记·货殖列传》记载：“子货金钱于贯，节驹侩。”节是节制，亦指管理“驹侩”，侩是撮合买卖的交易，显然是经纪人的性质。

（3）到了隋唐时期，中国商品经济发展较快，各地交易迅猛，交易量大，市场信息交错。此时，统治者开始重视牙人、牙郎，“邦会”也就是早期的商会，也初具雏形。隋唐都明确规定指出，凡是货品交易，均需经牙人检验、署名、盖章才可以。这就从政府管理的角度，提出了对中介组织和活动的认可与推崇，是政府管理中介组织的一个重要标志。

（4）宋朝时期，牙人活动更进一步多样化、复杂化。政府明显加强了对牙人的控制，突出表现为政府强化了统一管理，尤其是发放身牌制度，规定中介组织或活动要行使职责，必须佩戴显著的表明身份的标志，促进货品交易。这表明政府对牙人的管理又上了一个层次。

（5）元代则因为国内货品流通受到限制，牙人经纪业一蹶不振，蒙古族人开始垄断市场交易，禁止汉人交易，这些措施在客观上扼杀了中介组织的业务空间和活动范围。

（6）到了明初，牙人交易最初是被禁止的，到了永乐年间才又恢复起来。这段时期主要是资本主义萌芽开始出现，商品流通加剧，南北货物和经济往来频繁，中介组织纷纷组建和营业。政府也顺应这一趋势，首次在管理上开始区分官牙（政府指定）和私牙（得到允许，纳税营业）两种类型的中介组织和经纪活动。

（7）清代基本上沿用了明代的牙人制度，更进一步的规定是要求外国来华经商的“洋人”，不得与中国商人直接接触，必须通过牙商交易，于是，牙商成为买办，代表外商与地方官员打交道。各种会馆作为商人的汇集地，日益发挥着行业协会的职能。

（二）夹缝中的艰难探索与思想启蒙

在中国近代，中介组织的发展日益与当时的经济社会活动相结合，出现了很多现代意义上的中介形式，既延承了民间的传统，又受到了启蒙思想的影响，其类型主要包括：以改良、立宪为取向的政治性团体，如“强学会”“保国会”“预备立宪公会”“宪政会”等；学联工会、妇联、青年团等革命性社团；各种“学会”“研究会”“协会”等新式学术文化团体；一些伴随民族工商业的兴起而发展起来的新型行业组织；外国传教士兴建的传承基督教教义的各种慈善机构，带动了传统互助组织和慈善组织的演化，形成了新式的慈善公益模式等。

（三）新中国成立后文化中介组织的发展状况

市民社会的提出早在18世纪以前的西方就有了，而国内许多学者认为中国根本就没有市民社会，也有学者认为中国自晚清市民社会才开始出现。也就是说，中介组织在国内出现远远落后于西方，文化中介组织的产生则更晚。不管中国是否有过市民社会或者说到底什么时候出现的市民社会，毋庸置疑的是，中国经济体制的改革使原先隶属于行政组织体系的单位和个人逐步独立，改革开放带来了社会组织的蓬勃发展，社会主义市场经济体制的建立催生了形态多样的民间组织，包括文化组织，这是社会进步的标志之一。这种民间组织被称为文化中介组织。我们认为，我国的中介组织经历了从“政府主导”形式为主向“社会自发”形式为主的发展历程，主要经历了三个发展阶段。

第一阶段，1949—1956年。在新中国成立初期，我国国民经济正处于恢复时期，市场经济有了一定的发展，文化中介组织发挥了重要的作用，如旅游中介、文化行业协会等对经济恢复起了一定作用。但从1956年开始，随着土地改革和社会主义改造的全面完成，多种经济成分并存造成了单一的社会主义公有制，与此相适应，我国经济体制逐渐形成了高度集中的计划经济体制。生产由国家下达指令性计划，工业产品由商业部门统购包销，农产品由国家统购统销，产品价格由国家统一规定，工厂企业所需要的原材料由国家统一调拨。在这种社会经济高度一体化、整个社会完全由国家机器操作体制下，没有经纪人存在的条件，不需要经纪人插足于商品流通领域。中介组织几乎没有发挥作用的余地，从城市到农村的中介活动也就销声匿迹了，文化中介也跟随其他中介一起销声匿迹了。

第二阶段，1978—1994 年。党的十一届三中全会的胜利召开，确定了以经济建设为中心，由计划经济向社会主义市场经济过渡的重大方针，企业在市场经济中有了自主性。随着改革开放政策的实施，商品经济发展起来，以经纪人为代表的文化中介组织重新出现在经济生活舞台上，于是为企业服务的行业协会、咨询机构等组织逐渐发展起来，各地相继出现了政府文化机构、文化市场组织、社会文化组织、社会文化团体、社会文化中介等。但这个时候的文化中介组织无论是从规模上还是数量上，其社会影响力都很小。

第三阶段，1994 年至今。党的十四大确立了建立社会主义市场经济的发展目标，尤其是改革开放以后，文化中介组织有了很大的发展空间，各类市场中介组织也如雨后春笋般地发展和活跃起来。20 世纪 90 年代中期，我国社会主义市场经济中介组织体系框架已初步形成。文化中介组织逐步成为不直接从事市场客体（文化商品、旅游等）的交易活动，而以第三者身份为文化主体在文化进入、文化竞争、文化交易秩序、文化纠纷等方面，提供验证、公证、评估、协调、仲裁等文化中介服务，以及从事中介服务代理、咨询服务、提供交易场所等专业服务，成为介于文化主体之间、文化主体与国家文化机关之间的专门机构。这段时期也就是文化中介组织的大发展时期，在短短十几年时间里，文化中介组织得到了蓬勃发展，已初步形成具有多种机构类别、多种形式的文化中介组织体系，其业务涉及生产、流通、消费等多领域，如产业部门、社会服务与社会福利、公共事物、信息与技术、卫生、体育、教育、文化艺术、新闻出版、自然科学技术研究、社会科学管理研究、环境能源、特殊性质的企业（如外资企业等）、职业组织、地区组织、个人兴趣爱好等领域，尤其是文化中介组织对外开放的加快，很多国外文化中介已经在我国建立起来，是改革开放带来了文化中介组织的腾飞与繁荣。

三、中国文化中介组织的探索时期

文化产业已经成为我国参与全球经济一体化、增强中国软实力的首选产业。作为保证文化产业高效有序运转的支持系统，文化中介组织的培育和发展已成为我们必须研究思考的重要课题。

（一）特定制度安排和供给产物

文化中介组织是指在文化市场中，为供需双方提供信息、促成交易而收取佣金等报酬的文化服务机构，是文化商品交换发展到一定阶段的必然产物，在现代市场经济条件下发挥重要作用。近年来，随着政府文化机构改革、文化主管部门职能转变，文化中介组织成为社会文化服务体系、社会文化主体架构中的一部分。

文化企业在社会化生产过程中实现产业内部分工的高度社会化、专业化，但文化企业自身不必要也不可能囊括文化产品从创作、生产、流通到消费的全部环节，大量高水平的文化中介组织以及经纪人的出现，便成为促进文化企业发展的必要条件之一。

一个成熟的社会文化主体架构包括政府文化机构（立法组织和行政组织）、文化市场组织（文化企业和家庭）、社会文化组织（社会文化团体、社会文化中介等）三类组织形态。这是一个多元的三层结构，反映了现代社会文化组织体系中的三种力量和原则。文化市场组织是以自身利益最大化为目标的行动者，政府文化组织是以社会主体文化利益最大化为目标的行动者，文化中介组织是致力于增进社会文化福利且以自身赢利为目的的团体行动者。

在这一社会文化主体架构中，文化中介组织是一种特定的制度安排和供给产物。作为文化市场的经营性主体，文化中介组织直接面向广大文化消费大众。职业的文化经纪实践与专业的文化经纪理论使文化中介组织能够较为及时地了解文化市场的需求，准确把握文化消费的动态。

（二）体制转型中的我国文化中介组织

市场经济体制对文化中介组织的需求，一方面可以从对计划经济体制的反证中得到；另一方面可以从进一步比较两种体制的管理对象和管理方法中得到。文化资源是现代文化生产的重要基础，合理配置文化资源是发展文化再生产规模的基本课题。文化资源的合理配置可以通过文化企业内部的体制改革与文化企业之间的横向重组而得以实现，而文化中介组织则是在文化市场的层面为文化资源配置提供了一种机制。在市场经济体制下，实行政企分开、企业改制，文化事业单位变成文化企业并进而成为独立的市场主体和利益主体；个人可自由支配自身资源，不再对单位有人身依附关系。因此，市场经济条件下，文化管理通过法律管理、自我管理、契约管理和自律管理四个方面来实现，文化中介组织是实现契约管理的一种形式，即基于文化市场交换的权利与义务的管理。

文化中介组织具有市场组织的一般特征。一是自主、自愿与自治；二是服务于文化产业全过程、各环节、各领域，不受部门、地区和所有制的限制；三是文化中介组织的内容和形式社会化；四是以营利为目的。在我国，文化中介组织正在发育、成长的过程中，在一个较长时间内，文化中介组织将显示出过渡模式的特征。尤其是那些从政府文化行业（产业）管理部门中演化出来的文化中介组织，就更具有以下特殊性：政府职能转移与文化中介组织成长互为条件；企业和市场因素将上升为文化中介组织成长的主要动因；在跨部门、跨地区和跨所有制的过程中逐步走向社会化。我们要将一般特征作为培育与发展我国文化中介组织的原则和方向，同时，又要考虑现阶段不同文化行业的特殊性，以此作为发展文化中介组织的具体思路和操作方案的重要依据。

（三）发展与完善中的我国文化中介组织

当前，将文化中介组织作为建立现代文化企业制度的重要内容和配套措施，作为政府文化体制改革的一部分，已经成为深化改革的题中之意。从某种意义上说，文化中介组织的发展水平是衡量文化市场繁荣程度和文化产业发达程度的重要标尺。

当前，培育和发展文化中介组织需要创造相应的外部环境，加强其自身的组织建设和职能建设。

首先是体制环境。在文化体制改革的整体设计中应有发展文化中介组织的位置，而不要让文化中介组织长期处于政府文化部门或政府与文化企业的夹缝之中。在文化中介组织生长的初期，要不断赋予其优惠政策，包括参与制定文化产业政策，制定文化行业服务政策或建议文化行业标准的权力等。

其次是舆论环境。我国社会组织长期发育不足，既有体制、政策因素，也有观念原因，而改变人们的某种观念，舆论的作用不可小视。要强化对文化中介组织地位、功能和特点的宣传，努力确立文化中介组织的社会地位。

第二节　进一步发展我国文化中介组织的指导思想

文化中介组织主要是政府和社会组织为促进社会系统协调运转，对社会系统的组成部分、社会生活的不同领域以及社会发展的各个环节进行组织、协调、服务、监督和控制的过程。推进文化中介组织体制创新，就是尽快建立健全与发展社会主义市场经济、民主政治、先进文化以及构建文化中介组织相适应的新型文化中介组织体系，形成文化中介组织和服务的合力，促进社会和谐发展。要完善文化中介组织的政策法规，创新文化中介组织体制和管理方式，有效整合文化中介组织资源，推动文化中介组织的科学化、规范化、法制化。

首先，完善文化中介组织的政策法规。注重公平，形成促进社会公平正义的政策环境。要按照构建社会主义文化中介组织的要求，把制定和执行政策的基本着眼点放在维护和发展最广大人民的根本利益上，充分体现和保障不同社会群体的基本权益，使人民群众普遍分享改革和发展的成果。要合理调整国民收入分配格局，逐步解决地区之间和部分社会成员收入差距过大的问题。要通过改革税收制度、增加公共支出、加大转移支付力度等措施，支持和扶助欠发达地区和困难群众。现在迫切的问题是增加政府财政对社会保障和农村基础教育及医疗的投入。今后，要通过建立城乡一体化的面向所有贫困人口的社会救助体系，消除城乡差距中贫困居民受助权益的不平等；通过健全社会保险制度并扩大到应当覆盖的全体劳动者，解决劳动者的养老、失业、疾病医疗、职业伤害等后顾之忧。

其次，创新文化中介组织体制和管理方式。一是建立健全“党委领导、政府负责、社会协同、公众参与的文化中介组织格局”。在这一文化中介组织格局中，党委领导是根本，政府负责是前提，社会协同是依托，公众参与是基础。只有这些方面有机结合，才能健康有序、科学有效地进行社会建设和管理。二是建立促进和谐的社会机制。加强社会事务管理，核心是要建立一套促进社会和谐的体制和机制。加强社会事务管理需要的社会体制和机制建设，主要包括社会激励机制与社会保障机制、社会控制机制与社会稳定机制。三是加强对社会组织的管理和监督。加强和改进对社会组织的管理和监督，发挥其提供服务、反映诉求和规范行为的作用，是增强管理社会事务本领的重要方面。依法管理社会组织，是社会建设和管理的重要内容，是完善市场经济体制，促进社会和谐和推动社会全面进步的必要手段。

再次，有效整合文化中介组织资源。政府是进行文化中介组织的主导力量，在整个社会事务管理中具有总体指导和协调的作用。在我国，社会组织通常指政府和企业之外的民间组织，其特点是不以营利为目的，主要开展公益性、互助性和自律性活动，具有民间性、独立性和组织性等特征。自改革开放以来，除政府组织、准行政组织、国家主办的事业组织及各类产业组织外，包括社会中介组织、民办非企业组织和其他社会团体在内的社会组织在社会公共事务管理中发挥着越来越重要的作用，构成了我国文化中介组织中重要的组织体系。社会中介组织是指介于政府、企业、个人之间，并为其提供服务、沟通、监督的社会组织。要发挥其作为政府实行民主管理的协调沟通的作用。社会中介组织通过发表意见、提出建议、协商对话影响政策决策过程，增强社会与政府间的信息交流和情感沟通。社会团体是执行某种社会职能的相对独立组织，它由公民自愿组成，是为实现会员共同愿望，按照章程开展活动的非营利组织。一般来说，发挥社会团体在文化中介组织中的作用，主要是发挥社会团体的组织作用、参与作用、教育作用、调节作用。事业组织以提供准公共物品为主要目标，是重要的公共服务机关。在我国，事业组织主要由国家举办，在政治、经济、教育、科学、文化、卫生、体育及其他领域开展各项社会活动。事业组织是从事特定领域服务和管理的非营利实体组织，在文化中介组织中起着不可替代的作用。

最后，要发挥社区组织的作用。社区既是人们聚集、生活的区域，也是人们参与文化中介组织的重要场所，在社会事务管理中扮演着十分重要的角色。社区在解决一些公共问题时具有独到的优势，如通过警察与居民的合作形成坚强的保护网，不仅可以节省政府警力投入，更能增加居民的安全感。西方社会的经验表明，社区是社会问题解决的重要的组织资源，它有助于政府职能转变及其他改革。在经济领域，它能促进更多的贸易和合作，减少和防止机会主义行为所付出的交易成本。目前文化中介组织的基层组织中，城市的居民委员会和农村的村民委员会是我国典型的社区组织。通过城乡基层社区组织，可以发挥其协调利益、化解矛盾、排忧解难的作用，在基层形成一个横向到边、纵向到底的文化中介组织体系，从而在最大的基层范围里促进社会的和谐。

第三节　培育和发展文化中介组织的思考

文化产业不仅是增强综合国力、扩大国内需求、促进我国经济社会快速健康和可持续发展的重要新兴支柱产业，也是弘扬和振兴民族文化、提高国民综合素质、推进精神文明建设的重要力量。尤其是在我国加入世界贸易组织之后，文化产业已经成为我国参与全球经济一体化、增强中国软实力的首选产业。作为保证文化产业高效有序运转的支持系统，文化中介组织的培育和发展已成为我们必须研究思考的重要课题。

一、我国发展文化中介组织的必要性

文化中介组织是指在文化经济市场中，为供需双方提供信息、促成交易而收取佣金等报酬的文化服务机构，涉及文化信息、文化产品、文化人才、文化生产传播的资料、设备和技术等文化市场要素，从事文化的策划、代理、咨询、出租等经纪活动。由自然人、法人取得必要的文化经纪资格证书，在政府工商行政管理部门注册登记，并领取文化中介机构的营业执照，从而成为文化市场的经营型主体，其形态包括文化个人独资企业、文化经纪人事务所与文化经纪公司。文化中介组织是文化商品交换发展到一定阶段的必然产物，在现代市场经济条件下，将进一步发挥重要作用。到目前为止，培育和发展文化中介组织的必要性，大多源于经济体制改革和文化体制改革方面。也就是说，当文化企业逐步成为市场主体，当市场运作机制逐步成熟，文化企业对文化中介组织的需求日益增大，自然地提出了培育和发展文化中介组织的需求；随着近年来政府文化机构改革、文化主管部门职能转变的推进，政府对文化中介组织也日益关注，同样提出了培育和发展文化中介组织的需求。我们认为，这两个方

面是比较表层和直接的因素。文化中介组织作为社会文化服务体系的一部分，只有置于社会文化主体架构中，才能对其组织性质和基本功能做出更加深刻的揭示和更加完整的梳理。

从某种意义上说，文化中介组织发展水平是衡量文化市场繁荣程度和文化产业发达程度的一个重要标尺。当前，培育和发展文化中介组织，需要创造良好的外部环境。一是创造公平竞争的文化市场环境。建立健全现代文化市场体系，完善文化市场准入和退出机制，使文化中介组织成为独立的市场活动主体和联结文化创作、生产、流通、消费的中间环节，在公平竞争中提高服务质量，促进文化产业和市场繁荣。二是转变发展观念。文化中介组织发育不足，既有体制政策的因素，也有思想观念的原因。应加强对文化中介组织地位、功能和特点的研究与宣传，充分发挥其在推动文化产业发展中的积极作用。

我们知道，文化企业与一般工商企业集团具有共同点，即两者的发展都不应是“大而全、小而全”，而应在社会化生产过程中实现产业内部分工的高度社会化、专业化。一个企业的发展需要开展设计、包装、服务等具体活动，但文化企业很难将创作、生产、流通到消费的全部环节都处理好，而应将企业内部活动进行科学合理分工，由专业的人来做专业的事。文化产品的生产、流通、消费等环节的经营运作乃至经济效益与社会效益的评估，则更需要专业化水平较高的中介机构介入。可见，大量高水平、具备专业素质的文化中介组织以及经纪人的出现，是促进文化企业发展的必要条件之一。

透视一个成熟的社会文化主体架构，我们无非看到以下三类组织形态：政府文化机构（立法组织和行政组织），文化市场组织（文化企业和家庭），社会文化组织（社会文化团体、社会文化中介等）。这是一个多元的三层结构：高层——以政府文化组织为中枢的公共权力机构；中层——各地政府文化部门与文化企业及大众间的各种社会文化团体和中介组织；低层——各类文化企业、文化产权主体。三层结构理论反映了现代社会文化组织体系中的三种力量和三个原则：国家（政府）力量和原则，即公共权力和公义与秩序原则；社会力量和原则，即社会资源和自主与参与原则；市场力量和原则，即生产要素和利润与效率原则。据此，可以对这三类组织的定位、性质、特点以及不足进行界定和剖析。

文化中介组织是致力于增进社会文化福利和促进大众文化生活改善，且以自身营利为目的的团体。其性质和特点是：自治，自律，市场利益导向；发掘和整合分散的社会资源，主动地、自觉地参与社会文化事务，参与文化产业发展；具有行业约束力和社会公信力，可在文化产业各企业间发挥协调、沟通等作用，并在一定地域范围内形成一种非正式的社会管理模式。其缺陷是：合法性低；资源有限，呈自我封闭化趋势。

关于文化中介组织性质的定位，理论界目前尚有一个未被澄清的观点，即文化中介组织既是社会中介，又是市场中介。笔者认为，文化中介组织是文化市场的重要组成部分，是以营利为目的的市场组织，其服务可以是中介性的，但这并不改变其作为市场组织（文化企业）的本质属性。例如，宣传广告代理公司、版权代理公司从事中介性业务，但它们是竞争性、营利性的文化企业组织，并不代表文化行业协会这一职业群体的根本利益。相反，文化产业行业协会才是不以营利为目的的社会组织，在社会结构中处于政府和宣传广告代理公司、版权代理公司之间，以特定文化利益层的组织力量、服务社团、整合机制和协调机构出现和发挥其作用。社会中介和市场中介，首先都是指其在社会结构中的地位和功能，其次才是指其内容具有中介的特征。行业协会的组织定位，是指非政府行政管理又非企业经营管理的社会自我管理、自我服务；行业协会的组织性质，是非竞争性、非排他性和非营利性的。

二、经济转型升级中的文化中介组织

文化中介组织在现代社会文化主体架构中的定位，是按照契约管理进行经营的市场经济组织。根据这一定位，文化中介组织具有市场组织的一般性特征。一是自主、自愿与自治。文化中介组织具有独立的法人身份，对自己的行为负责；文化企业按照自愿原则与其合作；文化中介组织通过选举，产生行业协会领导机构，实行自治管理。二是服务于文化产业全过程、各环节、各领域，不受部门、地区和所有制的限制。三是高度社会化，这里所说的社会化是指文化中介组织的功能，即文化中介组织的内容和形式社会化。四是以营利为目的。文化中介组织是在互惠的基础上开展各项营利性服务业务。

在我国，文化中介组织正在发育、成长的过程中，在较长时间内，文化中介组织将继续呈现出过渡性的特征。尤其是那些从政府文化行业（产业）管理部门中分离出来的文化中介组织，更具有特殊性。一是政府职能转移与文化中介组织成长互为条件。这一特征出自计划经济体制走向市场经济体制的改革。政府职能转移是中国政治体制改革的重要组成部分。与计划经济体制相适应的政府文化行业服务职能，将随着计划经济体制的改革而中止。文化行业服务职能中的一部分将交给文化中介组织，这是由政府在发展文化产业中的特殊地位所决定的，政府职能转变为文化中介组织的成长提供了空间。同时，文化中介组织的成长将有助于政府职能转移。二是企业和市场因素将上升为文化中介组织成长的主要动因。在政府职能转变与文化中介组织成长互为条件的同时，文化事业单位改制、非国有文化企业发展和市场机制发育，也与文化中介组织成长产生互动。随着新体制因素的增长，文化企业经营和市场运作都对自主管理、社会中介提出更多的需求。这就要求文化中介组织既要承接政府职能的转变，又要适应文化企业和文化市场的需要，形成文化中介组织自身独特的职能。三是在“三跨”的过程中逐步走向社会化。所谓“三跨”，是指跨部门、跨地区和跨所有制。“三跨”是目前我国培育和发展文化中介组织的难点之一。“三跨”是文化中介组织社会化的第一步，也是最重要的一步。现阶段我国文化中介组织的特殊性还可细分，例如，由于不同文化行业在计划经济时期的重要性不同，计划经济体制控制程度高的行业，文化中介组织成长的难度就大。因此，要区别特殊性的差异，以利于分类指导。我们要将一般特征作为培育与发展我国文化中介组织的原则和方向，同时，又要考虑现阶段不同文化行业的特殊性，以此作为发展文化中介组织的具体思路和操作方案的重要依据。

三、发展中的文化中介组织

中国文化中介组织的发源，始于21世纪初，其途径大致有两种：一是政府职能转变、政府机构改革引起的，由政府行业主管部门组建行业协会，再由行业协会培育和扶持文化中介组织。文化中介组织在成立之初，理所当然地和政府文化行业服务部门的范围保持一致，并在政府的授权或委托下，承担原来的该文化行业服务部门承担的部分职能。随着文化体制改革的深入及文化中介组织自身的发展，文化企业或市场提出的文化中介组织职能定位的问题，就自然地提上了议程。这是在文化体制转轨变革的过程中，文化中介组织从传统文化体制内产生的缘故。第二种是我国东南沿海地区民营文化企业自发组建的文化中介组织，在文化商品的交换活动中，通过经纪人的创造性智力劳动与服务，不仅为文化交易的双方提供了一种接触的机遇、成交的可能与现实，而且也为文化信息的传播拓展了一种交往、对话的渠道，其结果是既扩大了文化信息的传播，又加速了文化商品的流通。随着市场经济的发展，各类文化中介代理服务机构的出现，不仅丰富了文化市场活动，完善了文化产业链条，而且促进了文化企业集团的发展，文化中介组织逐渐成为政府、文化企事业单位、消费者和市场之间的桥梁和纽带。例如，在广东、福建、浙江等地，各种类型的文化中介组织不但在文化市场从事文化商品经纪活动，而且在文化市场开辟文化产品的中介领域，这就使它在文化市场的结构性演变进程中形成某种重构力量。一方面，完善文化专业市场的结构；另一方面，构建支柱性文化产业，文化策划市场、文化人才市场、文化节目市场、文化出租市场等各种跨行业文化专业市场的相继出现，这是和当地文化中介组织的快速发展密不可分的。

应当承认，在20世纪八九十年代的历史条件下，无论哪种途径生长的文化中介组织都是难成气候的。进入21世纪，尤其是党的十六大以后，将文化中介组织作为建立现代文化企业制度的重要内容和配套措施，作为政府文化体制改革的一部分，已经成为深化改革的题中之意。文化产业理论表明，文化中介组织是一种服务性行业，其本身也是文化企业的一种类型，既同文化企业集团共生于文化市场，又成为文化企业集团发展的重要外部条件。

从某种意义上说，文化中介组织的发展水平是衡量文化市场繁荣程度和文化产业发达程度的重要标尺。当前，培育和发展文化中介组织需要创造相应的外部环境，需要加强其自身的组织建设和职能建设。

首先，要为文化中介组织的成长创造更为宽松的环境。这一环境包括：一是体制环境。在文化体制改革的整体设计中应有发展文化中介组织的位置，而不是使文化中介组织长期处于政府文化部门，或政府与文化企业的“夹缝”之中。在文化中介组织发展的初期，要不断赋予其优惠政策，包括参与制定文化产业政策，制定文化行业服务政策，授权制定文化行业标准等。二是舆论环境。在中国，社会组织长期发育不足，既有体制、政策的因素，也有观念的因素。而改变人们的某种观念，舆论的作用不可小视。要加强对文化中介组织地位、功能和特点的宣传，确立文化中介组织的社会地位，树立文化中介组织的社会威信。三是行政环境。在现阶段的体制格局中，要加快文化中介组织建设和职能建设的步伐，文化中介组织建设必须有行政支持和行政推动，否则难以实现。

行政支持和推动的方式要符合市场经济体制的要求，文化中介组织的职能建设要善于把握其优势，形成其职能的不可替代性。由于文化中介组织活跃于文化市场的生产、流通与消费三大领域，因此文化中介组织的经纪活动涉及文化事业体制改革的各个层面。它不仅推动现存文化系统的政企分离、企事分离等体制转型，而且也促使相当一部分文化生产服务单位从国营走入民营，从非营利型变成营利型，从事业型转为企业型。在计划经济文化体制向市场经济文化体制的转轨中，文化中介组织将继续发挥着重要的转换功能，从而在健全社会主义文化市场体制中发挥不可替代的作用。

第四章

欠发达地区文化中介组织现状调查

第一节　调查方案设计

一、调查对象及内容

本次调查的主要目的，是在了解欠发达地区文化中介组织的发展现状、文化中介组织从业人员的工作现状，以及对文化中介组织的看法的基础上，探究欠发达地区文化中介组织发展的影响因素及创新路径。由于目前我国文化中介组织仍是以私营企业为主，因此在此次调查中我们将文化中介组织分为6种类型：文化传播、文化艺术、文化影视、文化旅游、文化投资、文化服务。由于文化中介组织目前在我国仍然是一个比较陌生的词，我们将本次的调查对象定为欠发达地区省份文化中介组织从业人员，主要了解文化中介组织从业人员的工作现状、职业发展困境、对文化中介组织的认知差异、文化中介组织发展的困境及路径选择。为使调查更加全面、科学，我们的调查范围包括江西、广西、贵州等多个欠发达省份。

二、问卷体系

（一）问卷选项设置

本次调查主要是通过对欠发达地区文化中介组织从业人员进行问卷调查，以了解文化中介组织从业人员的生存现状及职业发展，并根据从业人员对文化中介组织的看法，分析文化中介组织的发展现状及影响因素。本次调查主要分为6个部分（见表4－1）：（1）调查对象的基本信息（性别、年龄、文化程度、职业等）；（2）受访者所在组织经营状况；（3）受访者在组织的状态；（4）受访者更换职业；（5）所在组织的组织管理与组织绩效；（6）文化中介组织发展存在的问题及发展前景。

表4－1　　问卷指标体系

一级指标	二级指标	三级指标
基础信息	基础信息	性别
		年龄
		学历
		月收入
		是否从事兼职工作
		兼职工作月收入
	所在组织状况	组织类型
		组织规模
		组织成立时间
		在该组织工作时间
		组织经营现状
职业发展	工作状态	岗位
		级别
		收入满意度
		从事当前工作原因
		当前工作存在的困难
		是否会在较长时间内从事该职业
	更换职业	转行方向
		更换职业面临困难
		更换职业面临机会
组织管理与组织绩效	社会影响	对所在组织的评价及满意度
		所在组织发展前景
		组织管理
		组织绩效

续表

一级指标	二级指标	三级指标
发展现状及发展前景	必要性及主要问题	文化中介组织的重要性
		文化中介组织存在的主要问题
	发展现状及发展前景	促进文化中介组织发展的主体
		文化中介组织发展的建议
		文化中介组织发展前景

（二）样本容量确定

在95%的置信水平下，我们取可接受的估计误差 E =0.1。在之前的预调查中，我们向社会群体发放问卷50份，收回47份，其中有效问卷46份，得到所抽取样本的方差为1.624。

所需样本的样本量的公式为：

$$n=\frac{(Z_{\partial/2})^2\sigma^2}{E^2} \tag{4-1}$$

根据公式（4-1）以及预调查的结果，我们算得调整前样本容量约为640份，考虑到实际调查中会出现无效问卷，所以我们对上述样本量进行适当调整。根据下列调整公式（4-2），最后确定样本容量为715份。

$$\text{调整后样本量}=\text{调整前样本量}/\text{有效问卷率} \tag{4-2}$$

（三）问卷发放与回收

为了防止出现收回的有效问卷小于样本容量的情况，我们对选取的欠发达省份及地级市的文化中介组织通过现场填写、邮寄、电话访谈、邮件等方式发放问卷共715份。由项目组成员专门负责特定地区的问卷发放及回收，最终回收问卷686份，通过筛选，最终得到有效问卷649份。具体情况如表4-2所示。

表4-2　问卷发放及回收情况

调查区域	发放数量（份）	回收数量（份）	回收率（%）	有效问卷（份）	有效率（%）
赣州市	83	82	98.8	77	93.9
宜春市	18	17	94.44	17	100
上饶市	18	18	100	18	100

续表

调查区域	发放数量（份）	回收数量（份）	回收率（%）	有效问卷（份）	有效率（%）
南昌市	147	141	95.91	137	97.16
九江市	74	71	95.94	63	88.73
贵阳市	102	97	95.1	90	92.78
六盘水市	84	82	97.62	76	92.68
南宁市	74	69	93.24	66	95.65
柳州市	25	24	96	23	95.83
桂林市	61	58	95.1	55	94.82
北海市	29	27	93.1	27	100
江西省（总体）	715	686	95.94	649	94.6

第二节　问卷的信度与效度分析

一个好的测量工具，对同一事物反复多次测量，其结果应该始终保持不变才可信。例如，我们用一把尺子测量一张桌子的高度，今天测量的高度与明天测量的高度不同，那么我们就会对这把尺子产生怀疑。因此，一份设计合理的调查问卷应该具有它的可靠性和稳定性。

一、信度分析

信度（Reliability）即可靠性，是指使用相同指标或测量工具重复测量相同事物时，得到相同结果的一致性程度。即测量工具（问卷或量表）能否稳定地测量所测的事物或变量。信度指标多以相关系数表示，具体评价方法大致可分为三类：稳定系数（跨时间的一致性）、等值系数（跨形式的一致性）和内在一致性系数（跨项目的一致性）。

目前最常用的是克朗巴哈信度系数，一般情况下我们主要考虑量表的内在信度——项目之间是否具有较高的内在一致性。通常认为，信度系数应该在0和1之间。如果量表的信度系数在0.9以上，表示量表的信度很好；如果量表的信度系数在0.8和0.9之间，表示量表的信度可以接受；如果量表的信度系数在0.7和0.8之间，表示量表有些项目需要修订；如果量表的信度系数在0.7以下，表示量表有些项目需要抛弃。

问卷的信度检验是为了考察问卷测量的可靠性，是指测量所得结果的内部一致性程度。接下来要使用克朗巴哈α系数法来检测数据信度是否达标，检测各量表中受访者对量表中题目回答内容的一致性。

表4－3是用SPSS软件对两个量表题进行信度分析得出的结果，为了实证数据的准确，采用检测克朗巴哈α值的方法检测其信度，一共649份样本量表问卷。从表4－3可知，两项问卷调查的问卷克朗巴哈α系数分别为0.946和0.817，量表题的信度检验结果也就是整体量表信度值均大于0.8，说明本次问卷中量表对于分析目的来说信度较好。此次问卷所设计的量表度量是可靠和有效的，能够满足本次调查统计分析的需要。

表4－3　　可靠性分析

项目	克朗巴哈α系数	项数
组织管理	0.946	15
组织绩效	0.817	5

二、效度分析

效度（Validity）即有效性，衡量综合评价体系能否准确反映评价目的和要求，是指测量工具能够测出其所要测量的特征的正确性程度。效度越高，表示测量结果越能显示其所要测量的特征；反之，则效度越低。效度分析主要有以下三种分析方法。

（一）单项与总和相关效度分析

这种方法用于测量量表的内容效度。内容效度又称表面效度或逻辑效度，它是指所设计的题项能否代表所要测量的内容或主题。对内容效度常采用逻辑分析与统计分析相结合的方法进行评价。逻辑分析一般由研究者或专家评判所选题项是否“看上去”符合测量的目的和要求。统计分析主要采用单项与总和相关分析法获得评价结果，即计算每个题项得分与题项总分的相关系数，根据相关是否显著判断是否有效。若量表中有反意题项，应将其逆向处理后再计算总分。

（二）准则效度分析

准则效度又称为效标效度或预测效度。准则效度分析是根据已经得到确定的某种理论，选择一种指标或测量工具作为准则（效标），分析问卷题项与准则的联系。若二者相关显著，或者问卷题项对准则的不同取值、特性表现出显著差异，则为有效的题项。评价准则效度的方法是相关分析或差异显著性检验。在调查问卷的效度分析中，选择一个合适的准则往往十分困难，使这种方法的应用受到一定限制。

（三）结构效度分析

结构效度是指测量结果体现出来的某种结构与测值之间的对应程度。结构效度分析所采用的方法是因子分析。有的学者认为，效度分析最理想的方法是利用因子分析测量量表或整个问卷的结构效度。因子分析的主要功能是从量表全部变量（题项）中提取一些公因子，各公因子分别与某一群特定变量高度关联，这些公因子代表了量表的基本结构。通过因子分析可以考察问卷能否测量出研究者设计问卷时假设的某种结构。在因子分析的结果中，用于评价结构效度的主要指标有累积贡献率、共同度和因子负荷。累积贡献率反映公因子对量表或问卷的累积有效程度，共同度反映由公因子解释原变量的有效程度，因子负荷反映原变量与某个公因子的相关程度。为了提高调查问卷的质量，进而提高整个研究的价值，有必要进行问卷的信度和效度分析。这绝非画蛇添足，而是研究过程中必不可少的重要环节。

在分析之前，我们首先需要知道，对量表的效度检测是为了更好地证明所用问卷适合此次实证研究。通过因子分析检测，看量表结构归类是否合理。

用因子分析检验效度时，首先需要满足因子分析的前提条件，即题项之间具有较强的相关性，这反映在两个检验指标上：KMO 值、巴特利特（Bartlett）球形检验值。其中，KMO 值用于比较题项间简单相关和偏相关系数，取值在 0 和 1 之间。是否适合作因子分析的标准为：大于 0.9，非常适合；0.7—0.9，适合；0.6—0.7，较为适合；0.6—0.5，不太适合；0.5 以下，放弃。巴特利特球形检验值用以检验题项间相关系数是否显著，如果显著（即 sig. <0.05），则适合作因子分析。

从表 4－4 可看出，此次数据的 KMO 值为 0.959，近似卡方值为 13142.827，自由度为 190，并且通过了显著性水平为 0.05 的巴特利特球形检验，说明问卷的数据非常适合作因子分析。

表 4－4　　**KMO 和巴特利特检验**

KMO 取样适切性量数。		0.959
巴特利特球形度检验	近似卡方值	13142.827
	自由度	190
	显著性	0.000

通过检验后，从表4－5可以看出，本次因子模型提取了两个主成分，一共解释了总体的72.922%，说明此模型提取的主成分解释和说明主体的效果是很好的。

表 4－5　　**总方差分析**

总方差解释									
成分	初始特征值			提取的因子载荷			旋转后的因子载荷		
	总计	方差百分比	累积%	总计	方差百分比	累积%	总计	方差百分比	累积%
1	11.073	55.365	55.365	11.073	55.365	55.365	7.297	36.485	36.485
2	3.511	17.557	72.922	3.511	17.557	72.922	7.287	36.437	72.922
3	0.919	4.595	77.517						
4	0.604	3.02	80.537						
5	0.442	2.208	82.745						
6	0.422	2.112	84.857						
7	0.333	1.667	86.524						
8	0.31	1.549	88.073						
9	0.273	1.367	89.44						
10	0.269	1.344	90.784						
11	0.237	1.183	91.968						
12	0.22	1.098	93.066						
13	0.207	1.037	94.103						
14	0.19	0.952	95.055						
15	0.186	0.931	95.986						
16	0.18	0.901	96.887						
17	0.167	0.837	97.724						
18	0.162	0.811	98.535						
19	0.151	0.754	99.289						
20	0.142	0.711	100						

提取方法：主成分分析法

表4－6为旋转后的因子矩阵。20个变量及其指标形成了2个因子，分别是：因子 F_1 由“组织薪酬在同行中有竞争力”“考核方法满足组织需要且全体员工需要参与绩效考核过程”“培训方法多样，有利于挖掘员工个人优势”等15个指标构成，它们反映组织的管理效度；因子 F_2 由“组织的缺勤率与离职率较同行低”“组织整体财务目标达成率（利润率）较同行高”“组织的客户满意度较同行高”等5个指标构成，它们反映组织的绩效。

表4－6　　　　旋转后的因子矩阵

	主成分	
	F_1	F_2
组织薪酬在同行中有竞争力	0.866	0.194
考核方法满足组织需要且全体员工需要参与绩效考核过程	0.864	0.182
培训方法多样，有利于挖掘员工个人优势	0.847	0.222
组织的薪酬与员工行为紧密相连	0.844	0.165
组织不会随意裁减员工	0.834	0.166
组织的客户满意度较同行高	0.83	0.223
招聘根据职位性质选取合适人才	0.817	0.262
招聘时严格遵守一定的程序	0.787	0.324
组织与市场沟通的速度较同行快	0.786	0.246
人力资源规划工作以组织战略目标为导向	0.708	0.348
考核方法满足组织需要且绩效考核公平合理	0.228	0.853
组织的薪酬在员工内部之间有公平性	0.167	0.852
组织整体财务目标达成率（利润率）较同行高	0.21	0.847
会根据绩效考核结果进行针对性的培训	0.248	0.844
组织主要通过内部升迁的形式填补空缺管理岗位	0.161	0.844
为新入职员工提供岗前培训	0.257	0.813
组织产品与服务的质量较同行高	0.216	0.813
招聘要求人职匹配	0.305	0.797
组织的缺勤率与离职率较同行低	0.174	0.774
定期进行人力资源规划工作	0.368	0.747

第三节　数据基本信息

由于文化中介组织范围较广，在文化产业领域几乎都有涉及，因此将文化中介组织分为6种组织类型进行调查分析：文化传播、文化艺术、文化影视、文化旅游、文化投资、文化服务。为确保问卷调查的真实性和有效性，经问卷预调查以及前期资料收集工作，在对问卷进行修改和完善后特将问卷调查对象定位为文化中介组织从业人员，以全面了解文化中介组织发展现状。本次调查发放问卷715份，收回问卷686份，最终筛选出有效问卷649份。

一、基本信息概述

（一）年龄、性别、学历与月收入情况

从图4－1可以看出，调查对象女性占52%，男性占48%，男女比例较均衡，说明此次调查男女比例分布较为合理。

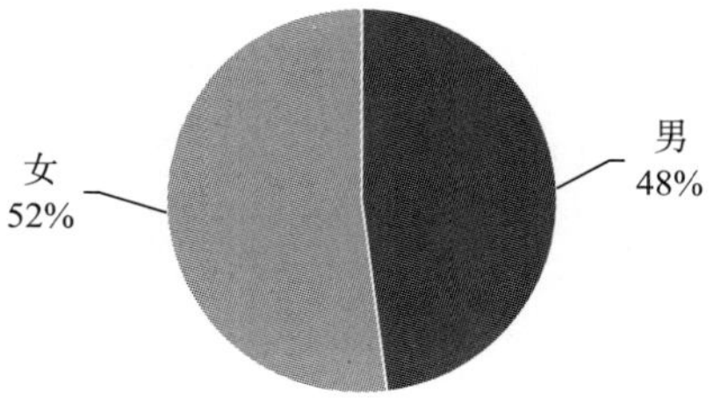

图4－1　性别比例图

如图4－2所示，受访者年龄分布上以26—35岁为主，其中26—30岁占44.07%，31—35岁占23.57%，40岁以上只占7.24%，这说明文化中介组织从业人员还是以年轻群体为主，中年群体较少。

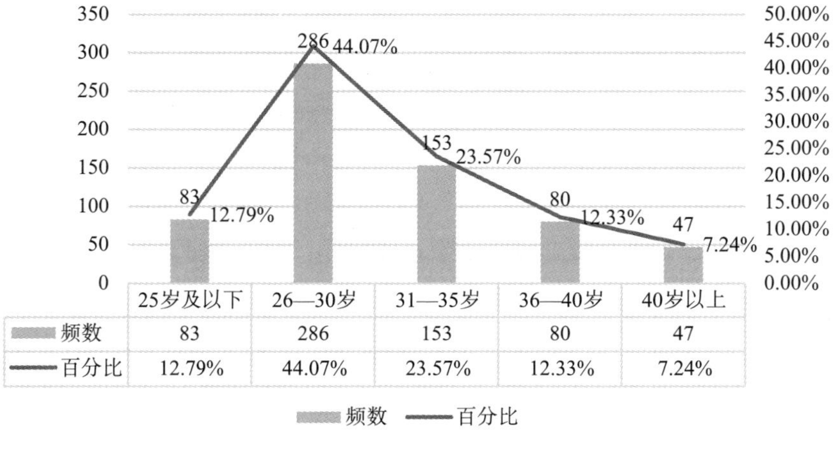

图4－2　年龄分布图

不同年龄段的性别比例情况如表 4 –7 所示。

表 4 –7　　年龄与性别交叉分类　　单位：人

年龄	性别		总计
	男	女	
26 岁以下	42	41	83
26—30 岁	111	175	286
31—35 岁	72	81	153
36—40 岁	52	28	80
40 岁以上	34	13	47
总计	311	338	649

在文化中介组织从业人员当中（见图 4 –3），本科及大专学历占比很高，超过 80%，其中，本科学历占 48.54%，大专学历占 35.9%，而高中及以下学历及研究生以上学历占比很少，这说明文化中介组织中从业人员还是以本科及大专学历为主。

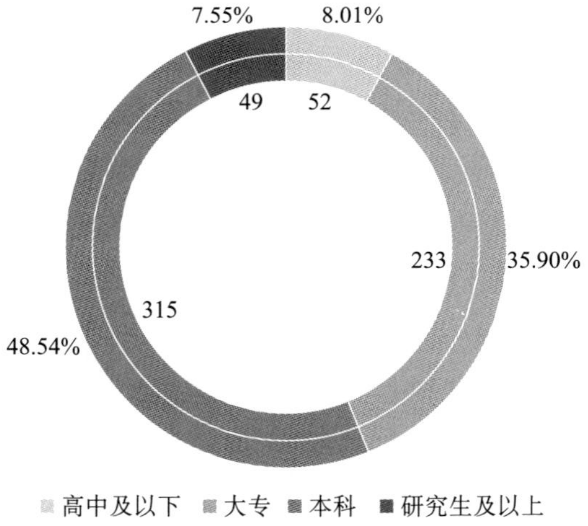

图 4 –3　学历分布图

在月工资与是否兼职方面（见表 4 –8），此次调查样本的月工资以 3000—8000 元为主，月工资在 3000 元以下及 8000 元以上的都较少，这说明文化中介组织从业人员的月工资大致在 3000 元和 8000 元之间。兼职人数占样本总量的 16.17%，这说明文化中介组织中有很大一部分人员在做本职工作之外还从事其他工作。可能的原因：文化中介组织工资不高，员工需要通过兼职补贴家用；文化中介组织从业人员希望通过兼职来学习新技能，提高自身竞争力；文化中介组织工作较为轻松，员工有足够的时间从事兼职工作。

表 4－8　　月工资与是否兼职交叉分类　　单位：人

月工资	是否兼职		总计
	是	否	
3000 元以下	11	28	39
3000—5000 元	46	193	239
5000—8000 元	28	234	262
8000—10000 元	15	68	83
10000 元以上	5	21	26
总计	105	544	649

（二）组织类型与组织规模

由图 4－4 可知，在此次问卷调查当中，来自文化传播组织的问卷有 125 份，来自文化艺术组织的问卷有 119 份，来自文化影视组织的问卷有 111 份，来自文化旅游组织的问卷有 99 份，来自文化投资组织的问卷有 96 份，来自文化服务组织的问卷有 99 份。

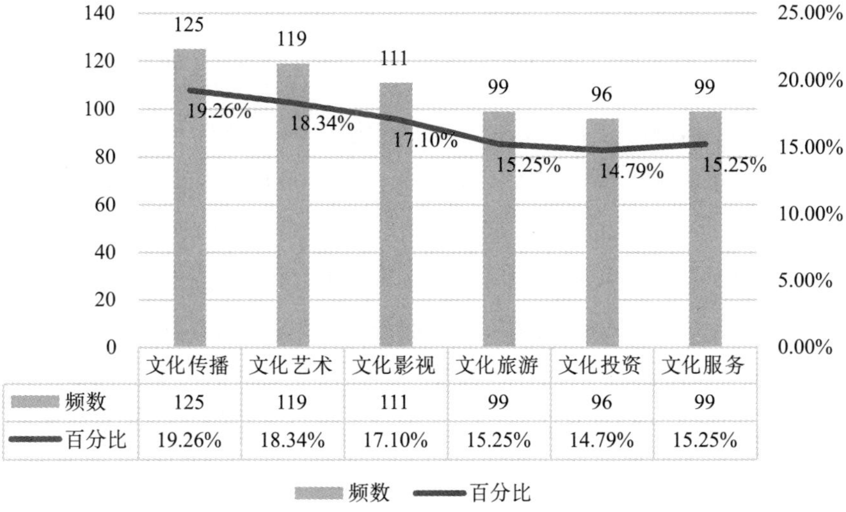

图 4－4　组织类型分布图

在组织类型与组织规模方面（见表4－9），文化传播组织在样本总量中占比最高，接近20%，其他组织占比基本持平。在100万元以下规模的文化中介组织中，文化旅游组织占比最高，为40.20%，而规模在500万元以上的文化旅游组织却几乎没有，这说明文化旅游组织还是以中小规模为主，在做大做强方面还有欠缺。100万—500万元规模的文化中介组织则以文化艺术、文化影视、文化服务组织为主，占比均超过20%。在此次调查中，有42.90%的文化艺术组织规模在1000万元以上，30.40%的文化投资组织规模在1000万元以上，这说明文化艺术和文化投资组织的规模较为庞大，这也与这两种组织的特征及属性有关。

表4－9　组织类型与组织规模交叉分析　单位：%

组织类型	组织规模				总计
	100万元以下	100万—500万元	500万—1000万元	1000万元以上	
文化传播	17	1	43.3	14.3	19.3
文化艺术	14.7	22	11.2	42.9	18.3
文化影视	11.6	35.6	7.3	7.1	17.1
文化旅游	40.2	4.7	0	0	15.3
文化投资	7.1	9.9	24.7	30.4	14.8
文化服务	9.4	26.7	13.5	5.4	15.3
总计	100	100	100	100	100

从组织类型与月工资交叉分析可以看出（见表4－10），文化传播组织中月工资为3000—5000元的占36%，月工资为5000—8000元的占43.20%，这说明文化传播组织大部分员工工资在3000元和8000元之间；文化艺术组织中月工资为5000—8000元的占49.60%，月工资为8000—10000元的占21%，表明文化艺术组织从业人员工资大多在5000元和10000元之间，工资比文化传播组织高；文化影视、文化旅游、文化服务组织的大部分从业人员的月工资都集中在3000元和8000元之间；文化投资组织从业人员的月工资则集中在5000元和10000元之间。由此得出，文化艺术与文化投资组织从业人员工资相对较高，而文化传播、文化影视、文化旅游与文化服务组织的工资基本持平。

表 4－10　　组织类型与月工资交叉分析　　单位：%

组织类型	月工资					总计
	3000 元以下	3000—5000 元	5000—8000 元	8000—10000 元	10000 元以上	
文化传播	9.6	36	43.2	11.2	0	100
文化艺术	1.7	15.1	49.6	21	12.6	100
文化影视	16.2	54.1	19.8	5.4	4.5	100
文化旅游	0	69.7	21.2	9.1	0	100
文化投资	0	4.2	63.5	27.1	5.2	100
文化服务	7.1	43.4	45.5	3	1	100
总计	6	36.8	40.4	12.8	4	100

从组织类型与对收入是否满意交叉分析可以看出（见表 4－11），文化服务和文化影视组织的从业人员对收入不满意的比例较高，这与这两种组织的收入较低有关，也可能是这些组织工作压力较大，员工认为收入与付出不成正比。在此次问卷调查中，大部分人都对自己的收入持一般态度，对自己收入满意或非常满意的占比较少，这说明文化中介组织的从业人员普遍对自己的收入不满意。

表 4－11　　组织类型与对收入是否满意交叉分析　　单位：%

组织类型	对收入是否满意					总计
	非常不满意	不满意	一般	满意	非常满意	
文化传播	0	20.8	60	19.2	0	100
文化艺术	0	3.4	84	11.8	0.8	100
文化影视	5.4	30.6	55	7.2	1.8	100
文化旅游	0	4	85.90	10.1	0	100
文化投资	0	1	87.50	11.5	0	100
文化服务	4	46.5	45.50	3	1	100
总计	1.5	17.7	69.30	10.8	0.6	100

从组织成立时间与组织规模交叉分析来看（见表 4－12），成立时间为 1 年以下的组织有 70% 规模为 100 万元以下，成立 1—3 年的组织有 69.2% 规模在 100 万元和 500 万元之间，成立时间为 4—10 年的组织有 43.80% 规模在 100 万元以下，这可能是由于经营不善或经济整体形势不佳导致部分大中型文化中

介组织破产或缩小规模，同时一些组织也在激烈的市场竞争中创新发展，取得了更大的进步。成立时间为4—10年的文化中介组织有31.20%规模为500万—1000万元，成立时间在10年以上的组织有28.7%规模在1000万元以上，这说明文化中介组织经过长期发展组织规模不断扩大。

表4－12　　组织成立时间与组织规模交叉分析　　单位：%

组织成立时间	组织规模				总计
	100万元以下	100万—500万元	500万—1000万元	1000万元以上	
1年以下	70	30	0	0	100
1—3年	24.3	69.2	5.6	0.9	100
4—10年	43.8	22.2	31.2	2.7	100
10年以上	15.3	19.1	36.9	28.7	100
总计	34.5	29.4	27.4	8.6	100

二、员工现状与职业发展前景

从文化中介组织从业人员在该组织工作的时间来看（见图4－5），超过一半的调查对象在该组织工作时间为1—3年（53.31%），工作时间为1年以下的只占12.63%，工作时间为4—5年的占22.34%，工作时间为5年以上的只有11.71%，这说明文化中介组织工作5年以上的老员工较少，组织离职率较高。

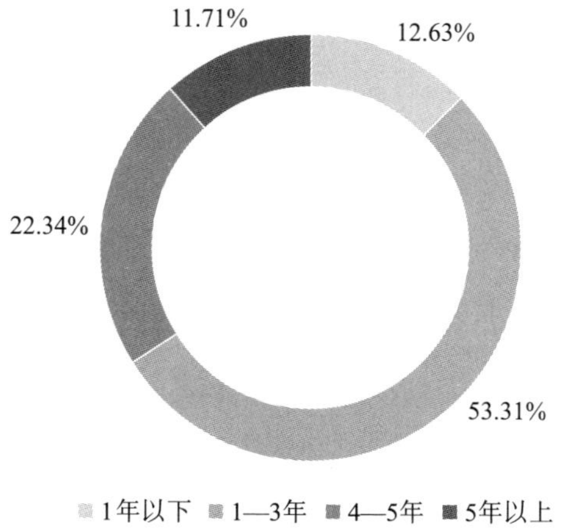

图4－5　在该组织工作的时间

从调查对象所在组织的经营现状来看（见图4-6），大部分调查对象认为自己所在的组织经营一般（75.81%），分别有2%和2.31%的调查者认为自己所在的组织经营非常不好和非常好。此外，认为自己所在组织经营不好的占8.63%，认为自己组织经营很好的占11.25%。

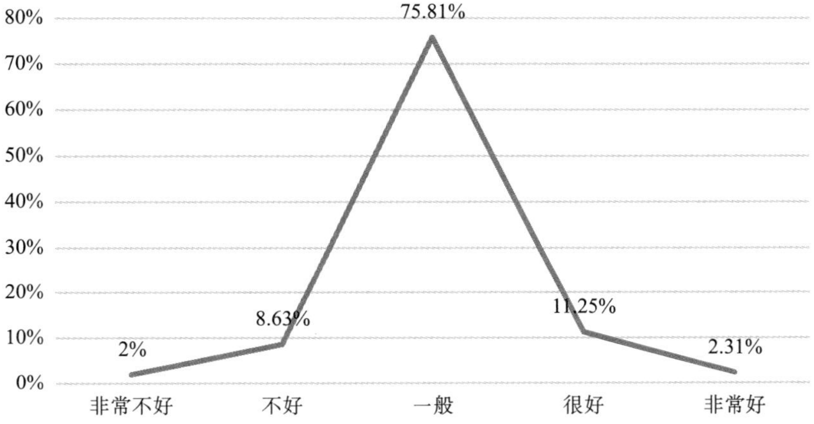

图4-6 所在组织目前经营现状

从调查对象所从事的岗位来看（见图4-7），在此次调查中，营销类岗位占比最高（16.64%），占比超过10%的岗位有策划类（13.25%）、设计类（14.79%）、营销类（16.64%）、财务类（15.72%）、人力类（12.94%），而研发类只占6.63%。

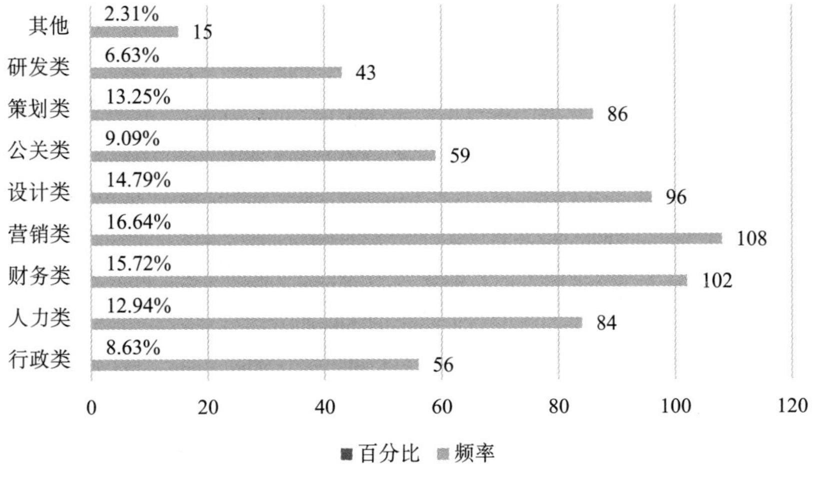

图4-7 岗位情况条形图

从调查对象目前的级别来看（见图4－8），此次接受调查的对象接近一半是普通员工（47.92%），主管和经理分别占34.36%和11.86%，而组织的高层领导或老板则只占6%不到。

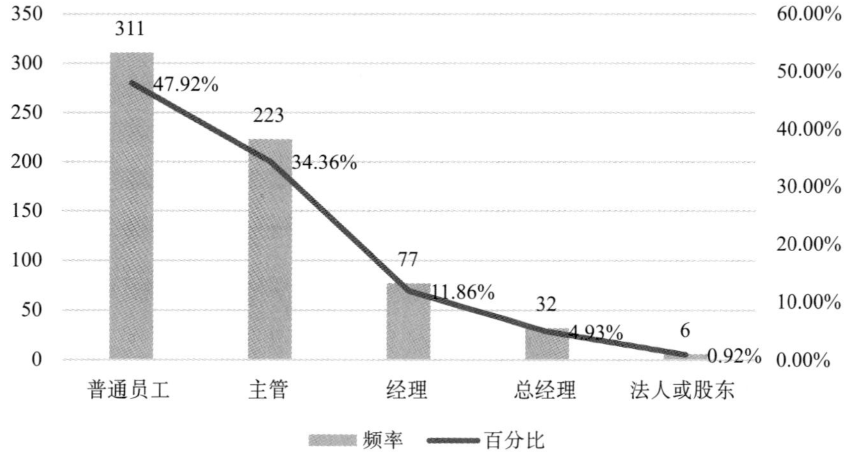

图4－8　职位级别图

在换职业是否会存在困难方面（见图4－9），60.09%的调查对象认为自己换职业存在一定困难，还有39.91%的调查对象认为自己换职业不存在困难。在换职业是否面临更多机会方面（见图4－10），12.17%的调查对象认为自己会面临更多机会，3.24%的调查对象表示不确定，而更多的调查对象（84.59%）认为自己换职业不会有更多的机会。

人们选择从事不同职业的动机是多元的，在社会经济体制发生重大变化的今天，人们的择业取向出现了双向选择和自由竞争的新特征。大致来说，人们选择职业会考虑几个因素：发展因素、环境因素、工作获得因素。从表4－13来看，基于工作获得因素考虑而选择从事文化中介工作的占比较小（8.9%），这些因素具体包括找不到好的工作（16.2%）、随便找的工作（20%）。基于发展因素和兴趣原因占比相对较高，其中，“对文化产业感兴趣”占50.2%，“晋升空间大”占43.6%，“锻炼机会多”占50.2%，“工资高”占27%。而基于生活性或环境性因素从事文化中介工作是主体，其多重响应百分比合计为46.2%，这些因素具体包括工作比较轻松（53.8%）、工作环境较舒适（49.2%）、工作氛围融洽（42.8%）、工作地点离家近（42.2%）等。这些数据表明，在文化中介组织中，员工选择职业的主要动机是环境性因素，但也受到发展性因素的影响。

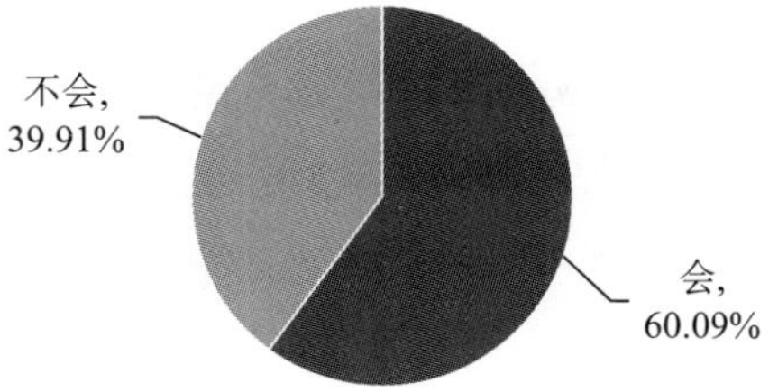

图 4－9 换职业是否存在困难

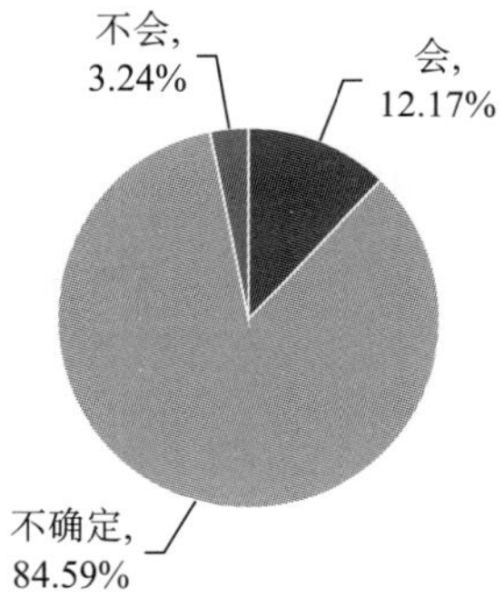

图 4－10 换职业是否面临机会

表 4－13 文化中介组织从业人员从事当前工作原因的多重响应分析

序号	从事当前工作的原因	项数	响应百分比	个案响应百分比
1	找不到好的工作	105	4%	16.2%
2	随便找的工作	130	4.9%	20%
3	对文化产业感兴趣	326	12.3%	50.2%
4	晋升空间大	283	10.7%	43.6%
5	锻炼机会多	326	12.3%	50.2%
6	工资高	175	6.6%	27%
7	工作比较轻松	349	13.2%	53.8%
8	工作环境舒适	319	12.1%	49.2%
9	工作氛围融洽	278	10.5%	42.8%
10	工作地点离家近	274	10.4%	42.2%
11	其他	79	3%	12.2%
总计		2644	100%	407.4%

第四节　员工对文化中介组织的认知差异度分析

文化中介组织是一种服务组织，其从业人员在工作过程中必然会面临一系列困难。调查发现（见表4－14），在职业发展方面存在困难的人数较多，其多重响应百分比合计为60.5%，这些因素具体包括工资较低（42.1%）、工作压力大（57.6%）、培训机会少（63.8%）、晋升空间小（55.8%）。同时，在工作环境等方面存在困难的群体也较多，其中，“环境较差”占37.4%，“人际关系不融洽”占39.8%，“对领导的决策或管理不认可”占34.1%，“对企业文化不认同”占24.2%。这些数据表明，职业发展因素与工作环境因素都会给文化中介组织从业人员带来困难。

表4－14　文化中介组织从业人员从事当前工作面临的困难多重响应分析

序号	从事当前工作面临的困难	项数	响应百分比	个案响应百分比
1	工资较低	273	11.6%	42.1%
2	工作压力大	374	15.9%	57.6%
3	培训机会少	414	17.6%	63.8%
4	晋升空间小	362	15.4%	55.8%
5	环境较差	243	10.3%	37.4%
6	人际关系不融洽	258	11%	39.8%
7	对领导的决策或管理不认可	221	9.4%	34.1%
8	对企业文化不认同	157	6.7%	24.2%
9	其他	53	2.3%	8.2%
总计		2355	100%	362.9%

二项Logistic回归又称二项Logistic回归分析，当被解释变量为0/1二值品质型变量时，通常采用二项Logistic回归分析。本节采用二元选择模型中的Logistic回归模型，因变量为公众认为的彩礼的作用的类型，自变量包括性别、年龄、文化程度、家乡所在地、个人月收入、家庭年总收入。

使用SPSS软件对各变量进行logistic模型回归分析，Wals检验的显著水平在0.05以下表示非常显著，Wals检验的显著水平为0.05—0.1表示一般显著，Wals检验的显著水平大于0.1表示不显著。Wals统计量越大，或者相伴概率越小，表示该变量更加重要。

由表 4 – 15 可知，学历、岗位、级别系数检验的 P 值小于显著性水平 0.05，它们的系数在模型中是显著的。这三个系数都为负，学历越高的调查对象越认为自己工资较低，级别越高的员工对工资较低越认可。这一方面说明学历以及级别越高的群体越希望获得更高的工资，另一方面表明在文化中介组织中高学历、高级别的员工没有获得相应的薪资待遇。

表 4 – 15　　　　“工资较低”二元 logistics 模型回归结果

	B	S. E.	Wald	df	Sig.	Exp（B）
性别	–0. 223	0. 189	1. 396	1	0. 237	0. 8
年龄	–0. 024	0. 111	0. 046	1	0. 831	0. 977
学历	–0. 734	0. 142	26. 841	1	0. 000	0. 48
在该组织工作时间	–0. 163	0. 141	1. 347	1	0. 246	0. 849
级别	–0. 93	0. 158	34. 444	1	0. 000	0. 395
Constant	4. 495	0. 566	63. 08	1	0. 000	89. 609

由表 4 – 16 可知，年龄、在该组织工作时间系数检验的 P 值小于显著性水平 0. 05。年龄的系数为正，它与工作压力大的关系为正相关，说明年龄越大，员工感觉到的压力越大。这可能是由于员工年龄越大，其所面临的生活压力与经济压力越大。在该组织工作时间与工作压力大的关系为负相关，这说明在文化中介组织工作时间越长，感觉到的工作压力越小，这与员工的业务能力提升与工作经验积累有关系。

表 4 – 16　　　　“工作压力大”二元 logistics 模型回归结果

	B	S. E.	Wald	df	Sig.	Exp（B）
性别	0. 144	0. 17	0. 717	1	0. 397	1. 155
年龄	0. 499	0. 128	15. 332	1	0. 000	1. 648
学历	–0. 152	0. 125	1. 462	1	0. 227	0. 859
在该组织工作时间	–0. 322	0. 099	10. 498	1	0. 001	0. 725
级别	–0. 298	0. 125	5. 707	1	0. 017	0. 742
Constant	1. 039	0. 444	5. 473	1	0. 019	2. 825

从表 4 – 17 可以看出，性别、年龄、学历与在该组织工作的时间系数检验

的P值均小于显著性水平0.05，它们的系数在模型中是显著的。其中，性别的系数为负，说明它与“晋升空间小”为负相关，男性比女性更认同在文化中介组织工作晋升空间小，这也与当前社会对男性期望高于女性有关。而年龄、学历、在该组织工作时间系数为正，与“晋升空间小”正相关，这表明年龄或学历越高，越赞同文化中介组织晋升空间小这一观点，同时，在文化中介组织工作时间越长，越认可文化中介组织晋升空间小。

表4－17　　　“晋升空间小”二元logistics模型回归结果

	B	S. E.	Wald	df	Sig.	Exp（B）
性别	－0.452	0.181	6.234	1	0.013	0.636
年龄	0.239	0.107	4.965	1	0.026	1.27
学历	0.651	0.139	21.923	1	0	0.522
在该组织工作时间	0.294	0.13	5.08	1	0.024	0.746
级别	－0.239	0.133	3.231	1	0.072	0.787
Constant	4.357	0.525	68.922	1	0	77.991

由表4－18可知，只有年龄的系数检验的P值小于显著性水平0.05，它的系数在模型中是显著的。它的系数为正，说明年龄越大，越有可能认为文化中介组织工作环境差，而年龄较小的毕业生相对来说更能接受当前的工作环境。

表4－18　　　“工作环境较差”二元logistics模型回归结果

	B	S. E.	Wald	df	Sig.	Exp（B）
性别	－0.257	0.172	2.227	1	0.136	0.773
年龄	0.344	0.1	11.902	1	0.001	1.411
学历	－0.246	0.127	3.764	1	0.052	0.782
在该组织工作时间	－0.094	0.125	0.565	1	0.452	0.91
级别	0.061	0.126	0.234	1	0.628	1.063
Constant	0.386	0.444	0.757	1	0.384	1.472

从表4－19可以看出，年龄、级别系数检验的P值小于显著性水平0.05，且它们的系数都为正，这说明年龄越大或级别越高，对文化中介组织的企业文化越不认同，这与中年员工以及高层管理的眼界及工作经验有关，而基层员工

或者刚毕业的大学生则可能更愿意接受文化中介组织的企业文化。

表 4－19　　“企业文化不认同”二元 logistics 模型回归结果

	B	S. E.	Wald	df	Sig.	Exp（B）
性别	－0. 176	0. 193	0. 832	1	0. 362	0. 838
年龄	0. 23	0. 109	4. 409	1	0. 036	1. 258
学历	－0. 123	0. 139	0. 784	1	0. 376	0. 884
在该组织工作时间	－0. 218	0. 139	2. 444	1	0. 118	0. 804
级别	0. 296	0. 137	4. 674	1	0. 031	1. 344
Constant	－0. 67	0. 495	1. 837	1	0. 175	0. 512

第五章

欠发达地区文化中介组织发展状况分析

第一节　从业人员工作现状及职业发展前景

一、多重响应分析：文化中介组织从业人员更换职业面临的困难

人们更换工作势必带来工作方式或工作环境的变化，并使员工在这一过程中面临一系列困难。文化中介组织是科技文化产业中的一种辅助组织，其从业人员在更换工作的过程中也会面临挑战。从表5－1可以看出，占比超过一半的因素包括：精力不够（65.4%）、技能知识不足（75.4%）、经济压力大（71.8%）、照顾家庭不便（63.1%）、重新适应环境（59.5%）。而“年龄限制”与“学历限制”占比较小，分别为23.1%和48.7%。这说明文化中介组织从业人员更换工作需要面临家庭协调何工作压力等多方面的挑战。

表5－1　文化中介组织从业人员更换职业面临的困难多重响应分析表

序号	更换职业面临的困难	项数	响应百分比	个案响应百分比
1	年龄限制	90	5.4%	23.1%
2	学历限制	190	11.3%	48.7%
3	精力不够	255	15.2%	65.4%
4	技能知识不足	294	17.6%	75.4%
5	经济压力大	280	16.7%	71.8%

续表

序号	更换职业面临的困难	项数	响应百分比	个案响应百分比
6	照顾家庭不便	246	14.7%	63.1%
7	重新适应环境	232	13.9%	59.5%
8	其他	88	5.3%	22.6%
总计		1675	100%	429.5%

如图5－1所示，22.8%的员工转行倾向于向教育行业发展，继续深造、创业、制造、销售等占比也较高，分别为11.25%、10.94%、11.71%、13.87%，这说明文化中介组织员工如果需要转行，更有可能考虑教育或销售行业。而考公务员（5.7%）、金融（9.4%）、餐饮（3.54%）、交通运输（2.47%）、IT（1.69%）、建筑（6.015）等占比较小。这说明，一方面，这些行业专业性比较强，往这些行业转型有一定的专业限制，相对比较困难；另一方面，这些行业与文化产业联系相对较少，因此考虑向这些行业转型的人数较少。

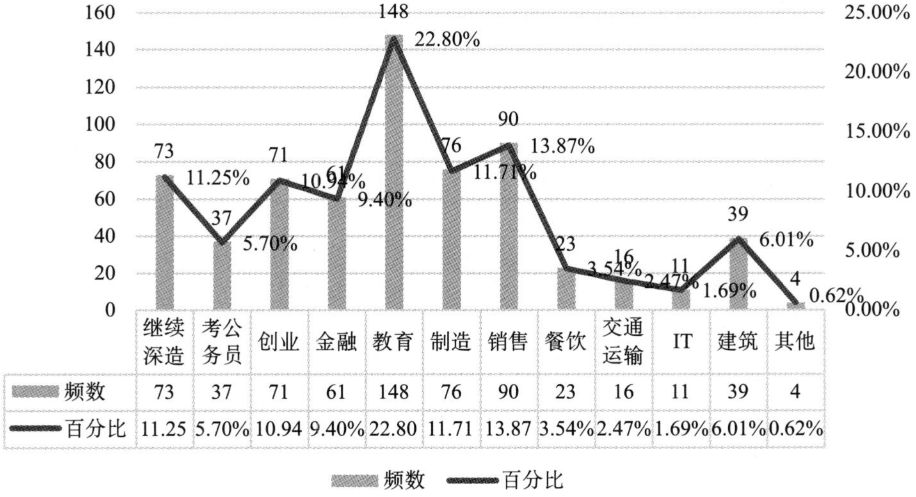

图5－1　文化中介组织从业人员转行图

二、文化中介组织工作经历带来的机会

作为一种文化产业的辅助组织，文化中介组织能为其从业人员带来工作技能及综合素质的提高，从而为员工更换职业提供一定的帮助。在此次调查中

（见表5－2），有56.1%的调查对象认为文化中介组织工作经历能够带来工作积累，分别有70.7%和76%的调查对象认为文化中介组织工作经历让他们在更换工作时有更好的人脉积累和资金积累。在技能和素质方面，认为文化中介组织工作经历能帮助自己知识更新的占70.9%，帮助自己素质提高的占69.2%，有助于自己业务能力提升的占61.5%，其他占33.9%。这说明文化中介组织工作经历能够为员工更换工作提供多项优势。

表5－2　文化中介组织工作经历为换工作带来的优势多重响应分析表

序号	文化中介从业经历带来的帮助	项数	响应百分比	个案响应百分比
1	经验积累	364	12.8%	56.1%
2	人脉积累	459	16.1%	70.7%
3	资金积累	493	17.3%	76%
4	知识更新	460	16.2%	70.9%
5	素质提高	449	15.8%	69.2%
6	业务能力提升	399	14%	61.5%
7	其他	220	7.7%	33.9%
总计		2844	100%	438.2%

从表5－3可以看出，只有组织规模系数检验的P值小于显著性水平0.05，并且其系数为正，说明组织规模大，其内部的员工在工作期间能够获得更多的锻炼机会，拥有更多的经验积累。

表5－3　“经验积累”二元logistics模型回归结果

	B	S.E.	Wald	df	Sig.	Exp（B）
组织类型	－0.355	0.051	48.831	1	0.052	0.702
组织规模	0.367	0.097	14.24	1	0.000	0.693
组织成立时间	0.189	0.137	1.915	1	0.166	1.208
在该组织工作时间	0.033	0.12	0.075	1	0.784	1.033
所在组织经营现状	－0.135	0.147	0.835	1	0.361	0.874
Constant	1.981	0.532	13.848	1	0.000	7.253

如表5－4所示，组织规模和组织成立时间的P值小于显著性水平0.05，说明它们的系数在模型中是显著的。它们系数都为正，说明它们与人脉积累的关系为正相关。组织规模越大或组织成立时间越长，它们的员工所获得的的人

脉积累越多。

表 5－4　　　　“人脉积累”二元 logistics 模型回归结果

	B	S. E.	Wald	df	Sig.	Exp（B）
组织类型	－0.284	0.053	28.483	1	0.051	0.753
组织规模	0.309	0.105	8.646	1	0.003	0.734
组织成立时间	0.374	0.145	6.612	1	0.010	1.453
在该组织工作时间	－0.129	0.128	1.025	1	0.311	0.879
所在组织经营现状	0.041	0.157	0.068	1	0.795	1.042
Constant	1.596	0.558	8.18	1	0.004	4.936

第二节　欠发达地区文化中介组织发展的必要性

党的十九大报告指出：“健全现代文化产业体系和市场体系，创新生产经营机制，完善文化经济政策，培育新型文化业态。”文化中介组织作为文化市场体系的重要主体，在推动文化产业发展中发挥着独特作用。当前，应着力培育文化中介组织，发挥其在开拓文化市场、配置文化资源、畅通文化要素流通等方面的重要功能，促进文化产业繁荣发展。发展和壮大文化中介组织，正是建立和完善文化体系的重要组成部分，也是完善社会主义文化体制结构的一项基础性工作。

两个分类变量间的关系，无法直接使用常见的皮尔逊相关系数来表述，多采用频数统计、交叉表卡方检验等过程进行处理，当分类变量的取值较多时，列联表频数的形式就变得更为复杂，很难从中归纳出变量间的关系。对应分析，则是解决分类变量间关系这个复杂问题的有力武器，也称为相应分析，是一种多元统计分析方法，目的是在描述各变量分类间关系时，在一个低维度空间中对对应表中的两个分类变量进行关系描述（见表 5－5）。

表 5－5　　　　发展文化中介组织的重要性

项目	非常不重要	不重要	一般	重要	非常重要
增加就业机会	0	0	73（11.25%）	171（26.35%）	405（62.4%）
促进文化资源合理配置	0	0	48（7.4%）	371（57.16%）	230（35.44%）

续表

项目	非常不重要	不重要	一般	重要	非常重要
拓展文化再生产规模	0	1（0.15%）	115（17.72%）	238（36.67%）	295（45.45%）
扩大文化商品传播渠道	0	1（0.15%）	69（10.63%）	311（47.92%）	268（41.29）
加速文化商品流通	0	0	82（12.63%）	208（32.05%）	359（55.32%）
引导文化消费	0	0	64（9.86%）	349（53.78%）	236（36.36%）
培育文化消费群体	0	1（0.15%）	104（16.02%）	256（39.45%）	288（44.38%）
开发文化专业市场	0	0	72（11.09%）	340（52.39%）	237（36.52%）
构建支柱文化产业格局	0	1（0.15%）	78（12.02%）	302（46.53%）	268（41.29%）
促进要素流动	0	1（0.15%）	119（18.34%）	306（47.15）	223（34.36%）
总计	0	5（0.08%）	824（12.7%）	2852（43.94%）	2809（43.28%）

从表5－6可以看出，卡方值为85.764，显著性Sig值＝0.000＜0.05，表明此次分析的两个名义变量不完全独立，存在一定关系。

表5－6　　　　摘　要

维	奇异值	惯量	卡方	显著性	惯量比例		置信度奇异值	
					占	累积	标准差	相关性
								2
1	0.373	0.139			0.894	0.894	0.04	0.27
2	0.128	0.016			0.106	1	0.043	
Total		0.156	85.764	.000[a]	1	1		

从图5－2可以看到，不同类型的6类组织和培养专业人才的5个重要程度被标记为不同的颜色进行区分，组织类型点与人才重要程度点有远有近，距离的远近包含了它们之间的关系。总体来看，文化艺术与重要距离较近，可以理解为专业人才培养对于文化艺术组织比较重要；而文化旅游和非常重要距离比较近，说明专业人才培养对于文化旅游组织非常重要。

在我国，政府职能的转变也为文化中介组织成长提供了有利条件。文化中介组织既要承接政府转出的一些文化服务职能，又要适应文化企业和文化市场的需要而提供相应服务，正在成为政府、文化企事业单位、消费者和市场之间的桥梁和纽带。在国内一些大城市，各种类型的文化中介组织不但从事文化产品经纪活动，而且致力于开辟新的文化市场领域。在这些中介组织的推动下，文化策划市场、文化人才市场、文化节目市场等逐渐发展壮大，文化中介组织成为文化产业发展的强大推动力。

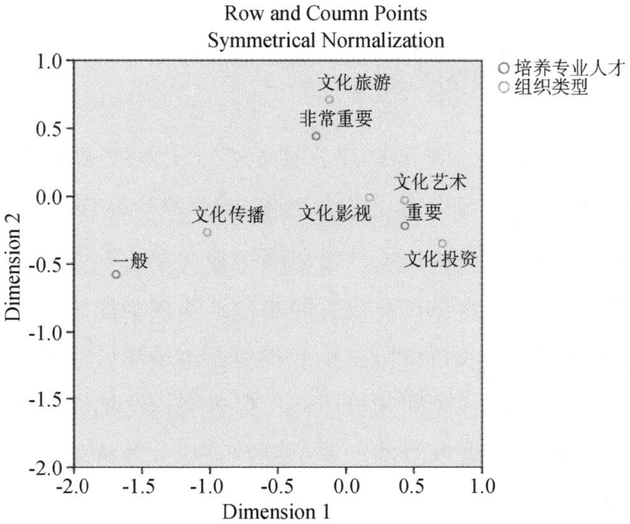

图5－2 对应分析图

(一) 加快发展文化中介组织，是转变政府职能的重要途径

在传统计划经济向市场经济的纵深发展阶段，政府职能正在从部门管理、微观管理和直接管理向行业管理、宏观管理和间接管理过渡，而实现这一目标就需要大力培育和发展政府与市场之间的中介组织，让其承担一些原来由政府承担的职能，在政府与市场之间保持平衡和建立新的平衡，实现政府宏观调控。

(二) 加快发展文化中介组织，是增强国际竞争力的关键要素

文化中介组织在市场经济发展过程中扮演着非常重要的角色，被誉为“文化产业的看门人”，是文化产业基本框架中的有机组成部分。文化中介组织已经成为中国与世界各国交流合作的重要平台和桥梁，加快发展文化中介组织，特别是与国外商会的合作，是搭建平台、寻找更好依托载体、拓展交流的渠道和捷径。

(三) 加快发展文化中介组织，是改善投资软环境的要求

近年来，珠三角、长三角及环渤海经济圈等东部沿海地区城市受土地资

源、能源、原材料供应趋紧，劳动力成本上升等因素制约，对经济产业结构进行调整，一度劳动密集型企业和加工贸易型企业向中西部地区梯度转移。面对中西部城市承接产业转移的激烈竞争态势，加快发展中介组织，特别是金融、法律、信息、职业、文化等中介组织，为引进企业提供完善的专业配套服务，营造良好的投资软环境，是十分必要的。

（四）加快发展中介组织，是构建现代文化产业的现实基础

大力发展文化中介组织，能有效破解现代文化产业建设的诸多难题。目前，我国文化中介组织发展迟缓，严重影响了现代文化和文化产业化的经营和发展，也影响了社会主义文化产业建设的步伐。文化中介组织在现代文化产业市场中扮演着桥梁和纽带的角色，加快文化中介组织的发展，可弥补文化市场信息不畅的缺陷，降低结构趋向的可能性，促进文化结构调整，是文化产业可持续发展和实现文化从业者增收的重要手段，有利于保持文化产业的稳定。

（五）加快发展文化中介组织，是建设创新型城市的需要

当今世界，科学技术日新月异，以信息技术、生物技术等为代表的高新技术迅猛发展。在大力促进科技成果转化，建设创新型国家的过程中，文化中介组织可以在国家、企业和高校文化中架起一座沟通桥梁，发挥文化中介机构的咨询功能，加速促进科技成果转化及产业化。

第三节　欠发达地区文化中介组织发展存在的困境

一、多重响应分析：文化中介组织发展存在的主要问题

欠发达地区文化中介组织在取得惊人发展的同时，由于受到外部环境和自身发展的制约，也面临着一些亟待解决的问题。

从表5－7可以看出，除“其他”之外，其他12个问题的个案响应百分比都在30%以上，说明调查对象认为以上都是欠发达地区文化中介组织发展存在的问题。“相关法规机制不完善”、“专业人才缺乏”的个案响应百分比甚至都在60%以上，说明当前欠发达地区文化中介组织面临最大的问题是专业人才缺乏以及相关法规不健全。

表 5－7　　　文化中介组织发展存在的主要问题多重响应分析

序号	困境	项数	响应百分比	个案响应百分比
1	管理效率较低	362	9.1%	55.8%
2	专业人才缺乏	414	10.4%	63.8%
3	相关法规机制不健全	458	11.5%	70.6%
4	政策不够完善、细致	419	10.5%	64.6%
5	文化资源保护力度不足	364	9.1%	56.1%
6	文化产业定位不够明确	323	8.1%	49.8%
7	文化中介组织区域发展不平衡	307	7.7%	47.3%
8	与国际接轨低，与国外差距大	265	6.6%	40.8%
9	投资不足	247	6.2%	38.1%
10	市场发育水平不高	257	6.4%	39.6%
11	民众的文化消费能力较低	238	6%	36.7%
12	文化产业偏向某一特定群体，市场狭小	222	5.6%	34.2%
13	其他	111	2.8%	17.1%
总计		3987	100%	614.3%

二、二元 logistics 回归分析：文化中介组织存在的主要问题

从表 5－8 可以看出，组织规模与组织成立时间系数检验的 P 值小于显著性水平 0.05，它们的系数在模型中是显著的。其中，组织规模系数为负，说明文化中介组织规模越大，管理效率越高；组织成立时间系数为正，说明文化中介组织成立时间越长，组织效率越低。

表 5－8　　　“管理效率较低”二元 logistics 模型回归结果

	B	S. E.	Wald	df	Sig.	Exp（B）
组织类型	－0.154	0.049	9.98	1	0.502	0.857
组织规模	－0.527	0.095	31.071	1	0	0.59
组织成立时间	0.422	0.125	11.341	1	0.001	1.525
所在组织经营现状	0.106	0.152	0.486	1	0.486	1.112
对组织内部管理的评价	－0.257	0.254	1.022	1	0.312	0.773
Constant	0.785	0.626	1.571	1	0.21	2.192

如表 5－9 所示，组织规模与组织成立时间系数检验的 P 值小于显著性水

平0.05，它们的系数在模型中是显著的。组织规模的系数都为负，组织规模与专业人才缺乏负相关，这说明组织规模越大，组织对专业人才的需求越小。组织成立时间的系数为正，这说明组织成立时间与专业人才缺乏正相关，组织成立时间越长，文化中介组织越缺乏人才，对专业人才的需求越大。

表5-9　　“专业人才缺乏”二元logistics模型回归结果

	B	S. E.	Wald	df	Sig.	Exp（B）
组织类型	-0.246	0.051	23.34	1	0.062	0.782
组织规模	-0.469	0.099	22.51	1	0.000	0.626
组织成立时间	0.463	0.129	12.812	1	0.000	1.589
所在组织经营现状	0.193	0.158	1.503	1	0.220	1.213
对组织内部管理的评价	-0.463	0.261	3.141	1	0.076	0.629
Constant	1.354	0.644	4.423	1	0.035	3.873

三、文化中介组织发展的约束条件和问题

（一）法制机制不健全，市场发育水平不高，管理效率较低

现在还有不少文化中介组织存在着主体资格不合法、非法执业、无照经营和未经登记核准擅自从事中介业务的现象。一些中介组织自身的行为不规范，内部管理不善，进而造成大量不正常的人员流动、资金管理漏洞和服务质量低劣。同时，存在经营规模偏小、数量偏多、竞争力偏弱、无序竞争严重等问题。

（二）专业化的文化经纪人才缺乏，应加强对文化经纪人才的发掘和培养

在社会主义市场经济条件下，文化经纪人是复合型人才。在文化中介组织中，经纪人的文化水平、策划能力、经营水平、市场运作能力的大小，直接影响和决定着文化中介组织作用的发挥。

（三）文化中介组织的确认应有严格的组织程序

目前在登记管理方面，对文化中介组织并没有严格规定，缺乏统一规划和协调，如没有严格的准入门槛，没有对中介行业合法资格的相关规定，或者即使有了规定，也不能严格执行。在法律法规方面，还缺乏相关法律、法规对文

化中介组织的性质、职能、经营范围、责任、职权、义务等作出明确的界定。这不仅给政府部门的宏观管理带来困难，而且也给文化中介组织的运行和管理造成不便。

（四）文化中介组织与国际接轨低，与国外差距大

从事跨境服务的大型文化中介组织，既要在国家允许的政策之内运行，更要主动与世界接轨，了解和掌握国外文化中介的组织机构、运作模式、管理规范和法律法规。如爱尔兰的《大河之舞》8 年在全世界演出 6000 场，其市场运作模式和成功经验值得认真学习。又如美国百老汇文化产业的空前发展，与其演出公司的成功运作密不可分。要积极发展和培养对外文化中介机构，尤其是在演出展览、广播影视、新闻出版等方面，支持国内文化企业与国际知名演艺、展览、电影、出版中介机构或经纪人开展合作，向规模化、品牌化方向发展。

（五）文化中介组织发展不平衡

目前，在我国经济发达的地方，文化中介发展较好。如北京、上海等地每年有一定规模的演出都在 3000 场以上，其中演艺中介公司功不可没。而经济欠发达地方和不注重发挥文化市场优势的地方，文化中介发展较缓慢。在社会主义市场经济条件下，在国家大力倡导、积极发展文化产业的过程中，更应该注重培育和发展文化中介组织，使其成为社会文化市场的重要组成部分，并发挥其积极作用，从而使我国文化产业健康有序发展。

（六）政企不分，界限不明

按照市场经济的要求，中介组织应该公平竞争，其竞争的根本是服务质量和服务信誉。但某些地区的中介组织挂靠在主管部门之下，其业务竞争往往不是质量与信誉的竞争，而是挂靠单位“实力”的较量。一些政府职能部门为了部门利益，往往垄断与本部门相关的中介业务，给予“嫡系”的中介企业种种优惠和支持，排斥或歧视其他中介企业。一些行政职能部门将挂靠的中介企业看成是自己的一个事业单位或派出机构，此类中介企业难以承担监督、协调、服务会员单位的职能。这样中介组织既从事经营，又代行一部分政府职能，既当“运动员”，又当“裁判员”，扭曲了竞争机制，严重影响了同行业的公平竞争。

（七）政府对发展中介组织的重视程度不够

一些地方政府没有把发展中介组织提高到发展地方经济和发展第三产业中高层面的知识、智力密集型经济的高度。市场主体对中介组织的功能作用认识不足，企业总体利用中介组织的意识较弱。

第四节　欠发达地区文化中介组织发展趋势及路径选择

一、欠发达地区文化中介组织现阶段情况

在文化产业迅猛发展的今天，文化中介也有了一定的发展。这有效地促进了文化产业的发展和广大人民的物质和精神水平的提高。从总体情况来看，文化中介组织的发展主要表现在旅游中介组织（旅行社）、广告中介组织（广告代理公司）和文化经纪代理公司等方面。

（一）旅游中介组织蓬勃发展

旅行社作为旅游消费的媒介，在当今为各地的旅游发展作出了巨大贡献。从 20 世纪 80 年代后期开始，旅游业在海南、云南等地有了很好的发展，旅行社在发展中也取得了丰富的经验。在此基础上，全国各地有关部门纷纷认识到旅游发展带来的经济效益和人民在旅游消费上的不同需求。到 90 年代中后期，旅游业在全国都有了很好的发展。

（二）广告代理公司获得强劲发展

自改革开放以来，我国在经济体制改革方面取得了丰硕的成果。商业的发展彻底地改变了以往供不应求的状况，在竞争日益激烈的情况下，宣传商品、推销商品就成了必经之路。一些主要媒体开始经营广告业务，广告公司相继成立。随着国家对广告业的不断规范，在短短的 20 多年时间里，广告业从无到有，从小到大，广告市场也逐步呈现出前所未有的繁荣，成为一个新兴发展的行业，为国家带来较多经济效益。

（三）文化经纪代理公司有了初步的发展

随着社会主义市场经济的不断发展，文化经纪与代理公司也有了较大的发展。它的存在形式多种多样，有文化经纪公司、文化代理公司、文化咨询公

司、文化传播公司及各种演出公司等。这对活跃文化市场、丰富文化市场都起了很好的作用。

二、欠发达地区文化中介组织发展的建议

政府、市场与社会作为促进文化中介组织发展的三个参与主体，对文化中介组织的发展至关重要。如表 5 – 10 所示，文化传播组织有 125 个样本，其中，36% 的员工认为政府应当在文化中介组织的发展中发挥主要作用，26. 4% 的员工认为市场应在文化中介组织的发展中发挥主要作用，31. 2% 的员工认为组织自身才是促进组织发展的决定性因素，只有 6. 4% 的员工认为社会对促进文化中介组织的发展有很大作用。文化艺术组织有 119 个样本，其中，超过一半的员工认为政府应该在文化中介组织发展过程中发挥主体作用，认为市场、社会、组织自身在文化中介组织发展中发挥更大作用的分别占 25. 2%、8. 4%、2. 5%。文化影视组织有 111 个样本，其中，认为市场应发挥更大作用的占比接近 60%，这说明文化影视组织的发展与市场联系十分紧密。文化旅游组织有 99 个样本，认为政府、市场、组织自身发挥更大作用的分别占 35. 4%、36. 4% 和 22. 2%，而认为社会应发挥更大作用的仅占 6. 1%。在文化投资组织中，96 个样本中有 83. 3% 的员工认为政府应在文化中介组织中发挥更大作用。而文化服务组织中各主体的期望作用相差不大，相对均衡。总体来看，认为政府和市场发挥更大作用的占比较大，而认为社会和组织自身应发挥更大作用的占比较小。这一方面说明政府和市场确实对文化中介组织的发展影响较大，另一方面也表明文化中介组织从业人员还没完全认识到社会及组织自身在促进文化中介组织发展中的巨大作用。

表 5 – 10　　组织类型和主体作用交叉分析

		文化中介组织发展谁应该发挥更大作用				总计
		政府	市场	社会	组织自身	
文化传播	样本（个）	45	33	8	39	125
	占比	36%	26. 4%	6. 4%	31. 2%	100%
文化艺术	样本（个）	76	30	10	3	119
	占比	63. 9%	25. 2%	8. 4%	2. 5%	100%

续表

		文化中介组织发展谁应该发挥更大作用				总计
		政府	市场	社会	组织自身	
文化影视	样本（个）	21	66	14	10	111
	占比	18.9%	59.5%	12.6%	9%	100%
文化旅游	样本（个）	35	36	6	22	99
	占比	35.4%	36.4%	6.1%	22.2%	100%
文化投资	样本（个）	80	14	2	0	96
	占比	83.3%	14.6%	2.1%	0	100%
文化服务	样本（个）	26	34	13	26	99
	占比	26.3%	34.3%	13.1%	26.3%	100%
总计	样本（个）	283	213	53	100	649
	占比	43.6%	32.8%	8.2%	15.4%	100%

从表5－11可以看出，几乎所有建议都非常重要或者重要，而认为产业政策支持和加快文化中介立法非常重要的比例超过60%，这说明政策支持和出台规范性的文件是文化中介组织从业者迫切需要的。此外，培养专业人才、开拓国外市场也是促进文化中介组织发展的重要措施。

表5－11　　文化中介组织发展的路径选择　　单位：%

项目	非常不重要	不重要	一般	重要	非常重要
产业政策支持	0	0	9.55	26.81	63.64
培养专业人才	0	0	7.55	53.93	38.52
构建行业信息化服务平台	0	0	15.87	43.14	40.99
规范文化经纪方式	0	0.31	15.72	45.92	38.06
加快文化中介服务立法	0	0	6.01	29.28	64.71
加强宣传推广力度	0	0	10.48	56.55	32.97
加强文化资源保护力度	0	0	15.1	41.6	43.3
开拓国外市场	0	0	14.33	52.54	33.13
引导文化消费，培育市场	0	0	15.72	44.53	39.75
其他	0.15	7.7	24.5	38.98	28.66
总计	0.02	0.8	13.48	43.33	42.37

三、文化中介组织的发展前景

如图 5－3 所示，73.81% 的受访者对文化中介组织的发展前景非常看好，认为文化中介组织的发展会越来越好；也有一部分群体认为文化中介组织的发展会在较长的一段时间内保持现状；还有少数员工对文化中介组织的发展持悲观态度，认为其在未来一段时间可能会走向低迷。

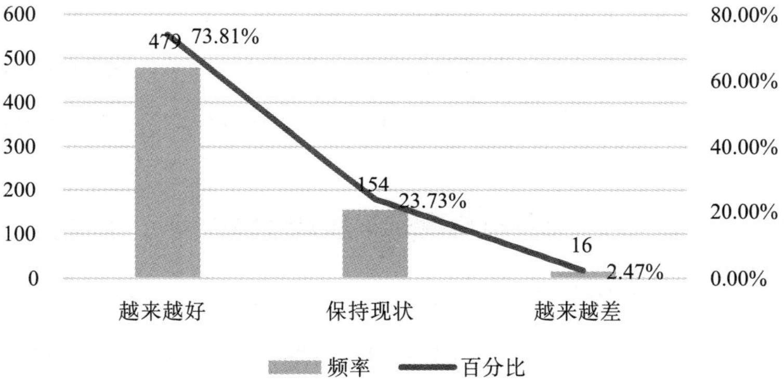

图 5－3　文化中介组织的发展前景

第六章

江西省文化中介组织发展现状调查

第一节　江西省文化中介组织调查现状

一、文化中介组织调查样本的选取及调查实施

（一）调查对象的选取

文化中介组织服务范围广泛，基本可以辐射到整个文化市场上。但是由于文章篇幅限制等因素，笔者从市场上众多文化中介组织中选取非常具有代表性的文化中介组织为样本，对江西省文化中介组织进行深入调查与研究。

根据江西省文化咨询公司和演艺经纪公司在全省分布情况，笔者采取抽样调查的方式，结合实际情况，先后对江西天魔模特经纪演艺有限公司、江西鹿鼎文化咨询有限公司、江西星咖文化经纪公司、江西华赣国际影视文化传媒有限公司、江西省凯丰文化传媒有限公司等进行了电话、网络访谈和调查。

（二）调查方式

笔者通过结构化和随机性相结合的访谈、问卷调查、查阅相关资料、现场走访等方式对样本文化中介组织的发展现状进行了调查分析，便于进一步对江西省文化中介组织存在的问题进行探究（见表6－1）。

（三）调查过程

访谈情况：调查访谈对象主要有江西鹿鼎文化咨询有限公司业务骨干、南

表6－1　　调查方式

调查方式	调查侧重点
访谈	文化中介组织发展现状、文化中介相关政策执行、法律法规健全程度、资源配置能力、人才流动频率、市场准入及退出机制、企业盈利水平提高所面对的困境等
问卷调查	文化中介组织规模平台大小、从业人员基本情况调查、文化中介注册资本及成立时间分布情况、综合发展现状
资料查询	文化产业基本资料、文化中介组织基本资料、文化中介市场经营相关法律制度和文件、文化中介扶持政策文件等
现场观察	文化中介从业人员工作环境和精神面貌、文化中介主要涉及领域及企业文化等

昌九星文化传媒有限公司领导、华赣传媒有限公司领导等。访谈主要内容涉及江西省涉及公司发展基本现状、员工工作状态、企业面临的挑战、行业发展前景等。

问卷调查情况：调查问卷主要针对行业内的从业人员进行发放，在调查过程中一共发放了20家相关企业，每家企业发放10份调查问卷，填写问卷人员中90%主要负责对接外部工作，有10%的是负责内勤工作。本次一共发放200份调查问卷，回收200份问卷，有效问卷200份。

二、江西省文化中介组织发展现状调查情况

（一）全国文化中介组织发展现状

根据全国文化蓝皮书相关数据显示，2016年，在对全国范围内规模以上的文化及相关产业近5万家企业进行调查，其实现营业收入达到80314亿元，比上年增长7.5%，增速比上年快0.6个百分点。

分区域看，东部地区文化及相关产业企业的营业收入最高，占全国74.4%，达到了59766亿元，中部地区占全国17%，达到13641亿元，西部和东北地区相对较低，分别为5963亿元和943亿元，分别占全国7.4%和1.2%。从表6－2可以看出，西部地区的增速最快，增长12.5%，中部地区增长9.4%，均高于营业收入最高的东部地区7.0%的增速。只有东北地区呈现下降趋势，降幅为13.0%。

表 6－2　2016 年全国规模以上文化及相关产业企业营业收入情况

分类	绝对额（亿元）	比上年增长（%）
总计	80314	7.5
新闻出版发行服务	3061	5
广播电影电视服务	1496	5.1
文化艺术服务	312	22.8
文化信息传输服务	5752	30.3
文化创意和设计服务	9854	8.6
文化休闲娱乐服务	1242	19.3
工艺美术品的生产	15045	3.2
文化产品生产的辅助生产	8926	5.4
文化用品的生产	30219	7
文化专用设备的生产	4407	2.7
东部地区	59766	7
中部地区	13641	9.4
西部地区	5963	12.5
东北地区	943	－13

资料来源：文化厅官方网站。

截至 2015 年底，我国规模以上的文化及相关产业法人单位数量达到 49356 家，其中文化制造业为 20079 家，文化批发和零售业为 8620 家，文化服务业为 20657 家。其中文化服务业相关单位占最大比例，达到 41.85%，其次是文化制造业，为 40.68%，而文化批发和零售业仅为 17.46%（见图 6－1）。

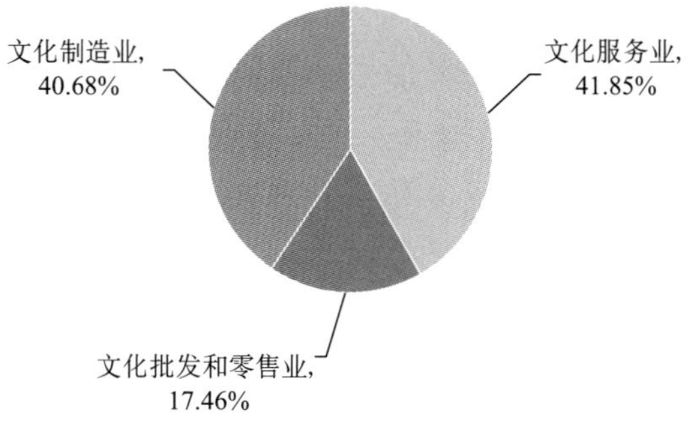

图 6－1　文化相关产业数量比例分布

资料来源：《中国统计年鉴（2016）》。

（二）江西省文化及相关产业发展现状

1. 基本现状

目前，江西省规模以上文化产业整体都呈现出良好的发展趋势，截至2015年，江西省规模以上文化产业企业数量已经达到了855家，较2014年增长了29家。规模以上的文化产业企业，其主营业务收入达到1688.19亿元，同比增长12.9%；吸纳就业人员19.18万人，同比增长8.8%。

江西省是一个拥有丰富文化资源的省份。一直不乏文化名人，如王安石、欧阳修等都来自江西；佛道文化在江西也广为流传，江西拥有很多的佛教圣地和道教圣地；江西拥有驰名中外的景德镇陶瓷文化；庐山、三清山、鄱阳湖等为江西省提供了丰富的旅游文化资源；江西省还拥有丰富多彩的民间文化，如赣剧、木雕、山歌等；红色文化是江西省文化产业中重要的部分，全省还有1500多处的革命旧址。近年来江西省基于红色主题打造了一系列文化节目，其中较有代表性的有中国红歌会和大型情景歌剧《井冈山》，这些节目在社会上具有很好的口碑，创造了良好的经济效益和社会效益。

虽然江西省文化产业发展速度非常迅速，但是相比我国其他发达城市，在经济效益方面还有相当大的差距。2015年，全国文化及相关产业增加值27235亿元，比上年名义增长11%，比同期GDP名义增速高4.6个百分点。目前，文化发展非常快速的上海，其文化产业的产出占GDP的12%，已经成为上海经济发展的支柱产业之一；而江西省的文化产业产出占GDP不到5%，还有较大发展空间。

2. 主要特点

首先，主营业务收入不断增加（见图6－2）。根据中国省市文化产业发展指数（2016）显示，江西文化产业综合指数居全国第九，生产力指数居第七，驱动力指数居第十。“十二五”期间，全省文化产业主营收入从2010年的844亿元，增长到2015年的2460亿元，年均增速达24%。2016年，在经济下行压力加大的背景下，全省文化产业继续保持良好态势，预计全省文化产业法人单位主营业务收入2800亿元，同比增长14.4%。文化产业正向着江西省支柱性产业不断靠进。

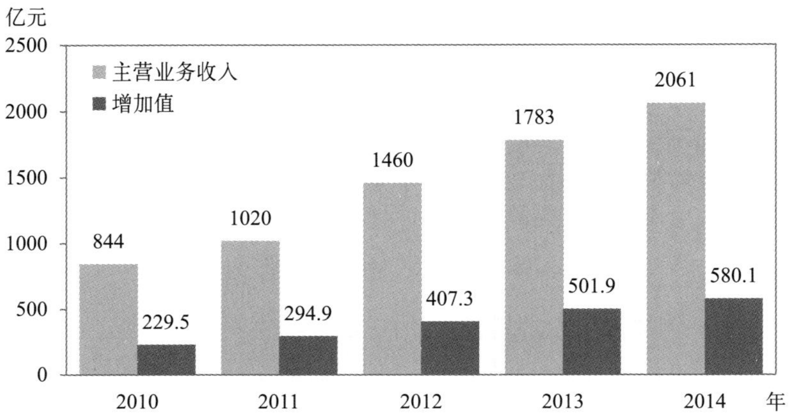

图 6－2　2010—2014 年江西省文化产业主营收入、增加值

江西省文化产业占地区生产总值的比重也在不断增加。2010 年的文化产业占地区生产总值的2.43%，文化产业增加值达到2295 亿元。直到2014 年文化产业增加值占 GDP 的 3.69%，比 2013 年提高 0.2 个百分点，比全省 GDP 增速高 5.9%（见图 6－3）。虽然文化产业增加值的幅度在逐年递减，但是每年都超过江西省 GDP 的增长速度。文化产业增加值在地区生产总值中的比例稳步上升，对国民经济的贡献也不断增加，文化产业已经成为全省经济转型跨越式发展的重要引擎，在新一轮市场经济发展中起了关键作用。

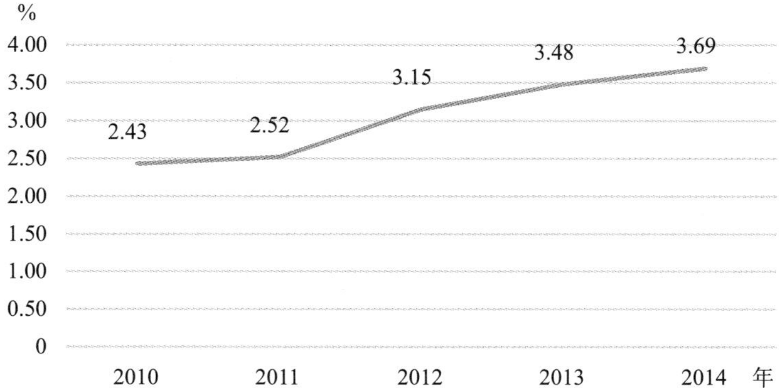

图 6－3　2010—2014 年江西省文化产业增加值占 GDP 比重

其次，内资企业主体地位突出。2015 年规模以上文化产业企业 855 家，其中内资企业为763 家，占规模以上文化产业比重的89.2%，实现主营业务收入 1384.66 亿元，占全产业的 82.0%；港澳台商投资企业 62 家，实现主营业务收入 193.08 亿元，分别占全产业的 7.3% 和 11.4%；外商投资企业 30 家，实现主营业务收入 110.45 亿元，分别占全产业的 3.5% 和 6.5%。值得关注的是，私营有限责任公司和其他有限责任公司已成为内资企业发展的主要动力，共计实现主营业务收入 995.81 亿元，占内资企业的 71.9%。

最后，骨干行业贡献突出。一是从行业大类看，主营业务收入超过百亿元的有四个，分别为文化用品生产 677.21 亿元，同比增长 14.6%，占全产业的 40.2%；工艺美术品生产 393.38 亿元，同比增长 13.6%，占全产业的 23.3%；文化产品生产的辅助生产 321.32 亿元，同比增长 7.6%，占全产业的 19.1%；新闻出版发行服务 100.79 亿元，同比增长 9.1%，占全产业的 6.0%。四个合计 1492.71 亿元，占全产业的 88.6%。二是分行业小类看，我省优势产业继续保持了良好发展势头，对文化产业快速增长贡献突出。排名前四的依然是印刷复制服务、工艺美术品的制造、焰火鞭炮产品制造、文化用纸的制造，且四个行业小类的主营业务收入均超百亿元，分别为 317.50 亿元、311.62 亿元、249.32 亿元、110.61 亿元，合计 989.05 亿元，同比增长 11.3%，占全产业的 58.6%。

（三）江西省文化中介组织发展规模现状

1. 文化中介组织规模现状

目前江西省文化中介产业涉及的文化产业包括陶瓷、书画、音乐、美术、文物等文化产品。据不完全统计，涉及文化产业的中介公司已经近万家，并且还在快速增长中，目前已经在工商局注册过的文化服务企业达到 2980 家，而经营范围属于文化艺术业的企业达到 412 家。最近一年内成立的企业数量为 54 家，较 2016 年度增长 15%。目前江西省乃至全国发展较为成熟的文化中介包括演艺经纪公司、文化艺术品拍卖中介、广告代理公司、文化经纪公司、文化咨询公司等中介组织。由于这类组织目前发展庞大，并且涉及的领域复杂，所以为便于分析理解，笔者专门统计了行业分类为文化、娱乐、体育下面的一个子行业，即文化艺术业类的中介组织。以下统计的文化中介组织，都是属于文化艺术类的，并且在各地区工商局注册过，拥有组织机构代码的企业。表 6-3主要是对比江西省与这些地区之间在文化中介组织数量上是差距，找出江西省在文化中介发展中的不足。

表6－3　　江西省文化机构数

分类	全国	江西省		湖南省		江苏省		上海	
	数量（家）	数量（家）	占比（%）	数量（家）	占比（%）	数量（家）	占比（%）	数量（家）	占比（%）
演艺经纪	328	6	1.83	10	3.05	12	3.66	44	13.41
文化咨询	14895	186	1.25	471	3.16	758	5.09	338	2.27
文化经纪	1014	11	1.08	31	3.06	37	3.65	48	4.73
文化服务	26566	412	1.55	753	2.83	1865	7.02	656	2.47
合计	42803	615	1.44	1265	2.96	2672	6.24	1086	2.54

资料来源：天眼查，http：//www.tianyancha.com/。

从表6－3可以发现，从文化中介组织数量这一角度分析，无论是与经济发展一般的湖南省还是与经济较为发达的江苏省相比，江西省的文化中介发展规模目前还非常小，存在较大的差距。以上四种文化中介组织都是以文化产品为主营业务的企业，一个省份文化中介组织的规模意味着其文化产业的发展规模，而江西省只有湖南省的1/2、江苏省的1/4，与上海相比都相差甚远。江西省是中部地区生产总值最为落后的一个省份，一是因为历史遗留原因，二是因为目前江西省没有属于自己的产业，虽然近年来，江西省政府部门以及企业家作了很多努力，但是终究还是站在发达地区的后面，没有自己的特色和创意，导致文化产业发展步履维艰。

2. 江西省文化中介组织注册资金规模

企业注册资本指的是公司的股东愿意以多少财产来承担公司的责任，对于外界而言可以理解为公司最开始设立的时候的资产。注册资本的大小，在一定程度上会影响商业对手的合作意愿和信任度，注册资本多的公司，得到的机会也相应增加。通过调查数据发现，江西省文化中介组织的注册资本额度普遍偏低，绝大部分企业的注册资本都是在100万元以下的。为了便于分析和对比，主要针对文化服务企业进行比较分析。

图6－4是对江西省所有含有文化服务这一项的文化中介组织注册资本的调查，将文化中介组织的注册资本分为五个层次，最低层次是0—100万元（不含100万元），最高1000万元及以上（含1000万元）。通过统计数据可发现全部410家文化服务类的企业有375家，即占全部91.46%的企业的注册资本是低于100万元的，而注册资本在500万元及以上的企业有8家，仅占1.95%。所以江西省虽然拥有大量文化中介组织，但其中真正做大做好的企业所占份额非常小。这也是全国的一个普遍现象，纵然目前市场上的文化中介组织数量已经非常庞大，但是缺乏可以独当一面的大型文化中介组织，这对于行业的秩序形成、制度规范、经济繁荣都是非常不利的。

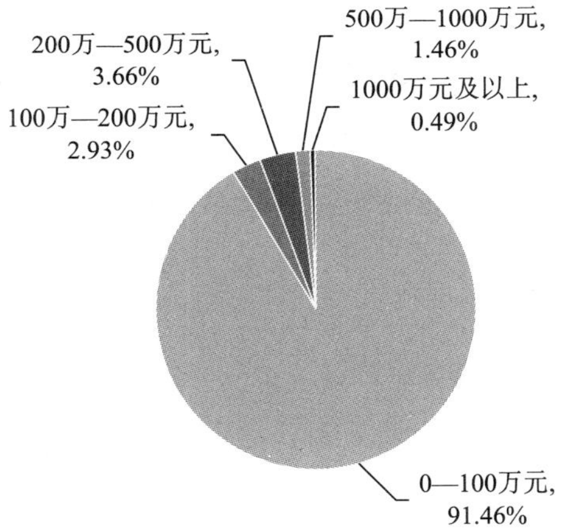

图6－4　江西省文化中介组织注册资本分布情况

图6－5是江西省近15年来文化中介组织注册量增长数量，总体来说近10年增长速度非常快。注册时间在10年及以上的文化中介仅占总量的21%，剩下的79%都是近10年注册的，也从侧面反映了江西省文化产业2005年以后才得到快速发展。近年来增长速度还在加快，近一年的注册量已经达到55家。虽然近年来文化产业的发展取得了一定的成效，但产业规模偏小、总量偏低，在中部排名靠后。

（四）江西省文化中介从业人员基本情况

1. 文化中介从业人员规模

根据《江西统计年鉴2016》的数据显示，截至2015年从事文化艺术产业

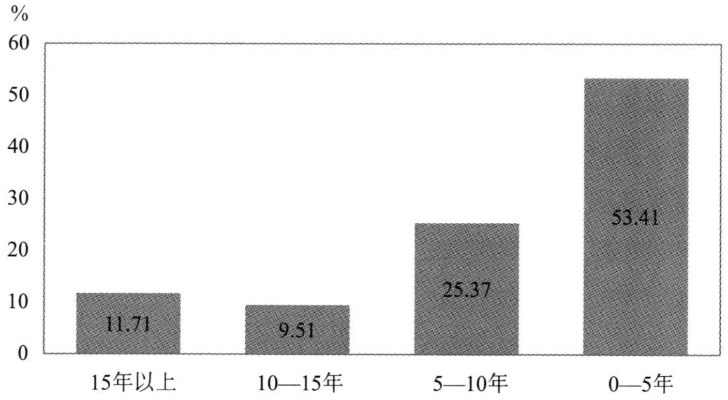

图 6－5　文化中介组织注册年限分布情况

的工作人员总数量达到 60145 人，其中文化市场经营业的从业人员达到 36180 人。目前，江西省文化中介组织从业人员已经达到整个文化产业从业人员数量的 60% 以上。

2. 文化中介从业人员基本素质有待提高

根据调查问卷统计数据可以对江西省文化中介从业人员有一个大致了解，以下主要从三个角度分析从业人员的现状。首先，分析从业人员的基本情况，如年龄分布情况、学历情况、工作满意度等。年龄层次主要跨度是 18—60 岁；学历分为三个层次进行划分，主要是大专及以下、本科、硕士研究生及以上。得到的统计结果如图 6－6 和图 6－7 所示。

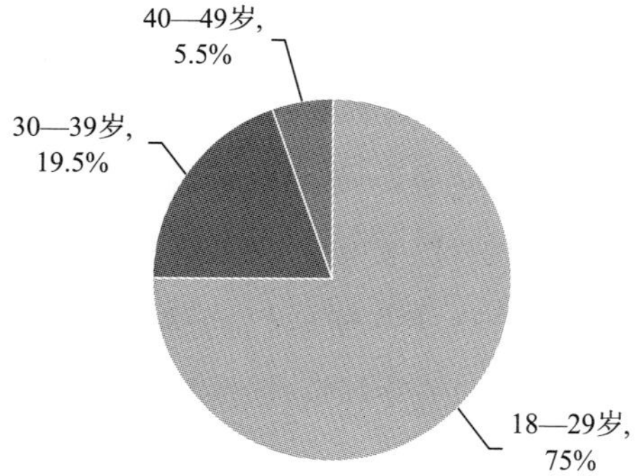

图 6－6　从业人员年龄分布情况

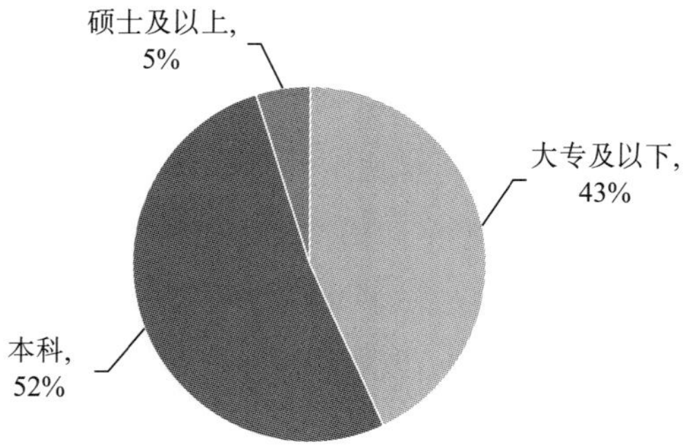

图 6－7　从业人员学历情况

在调查的 200 个样本中 75% 的从业人员分布在 18—29 岁这个年龄段，也就意味着大部分从业人员都是从业经验较少的（见图 6－6）。从学历情况分布可以发现，本科及大专的学历已经覆盖了绝大部分（52%和43%）的从业人员，硕士及以上的相关专业人才相当匮乏。综上，可以基本判断出，目前江西省文化中介这个行业的从业人员专业水平较低，综合素质还有待提高。

3. 文化从业人员的对目前工作状态满意度一般

通过对相关企业领导及从业人员的访谈可以看见，大家还是认为薪资水平和工作强度比较合适。不过大部分市场部工作人员认为该行业需要承受较大的心理压力，因为中介人员的主要工作就是协调沟通，所以每天的工作都需要面对很多突发状况，尤其在遇到较为强势的客户的时候会有很大的精神压力。

对从业人员的薪酬满意度的调查结果显示（见图6－8），高达56.52%的从业人员对中介的工资薪酬满意度为一般；达到满意程度的占17.39%；比较满意和非常满意这个程度的仅占8.7%；另外还有17.39%的人员对自己的薪酬感到不满意。

从对工作强度满意度的调查中可发现，从业人员绝大部分工作强度很大（见图6－9），占总人数的60%（40%和20%之和）；仅6%的人员表示工作很轻松，另外还有34%的工作人员认为工作强度一般。对工作强度的评价主要跟个人承受工作压力能力以及主要从事的岗位有关。由于调查对象中90%都属于面对市场的从业人员，所以相对来说更容易反映文化中介行业从业人员整体工作强度。

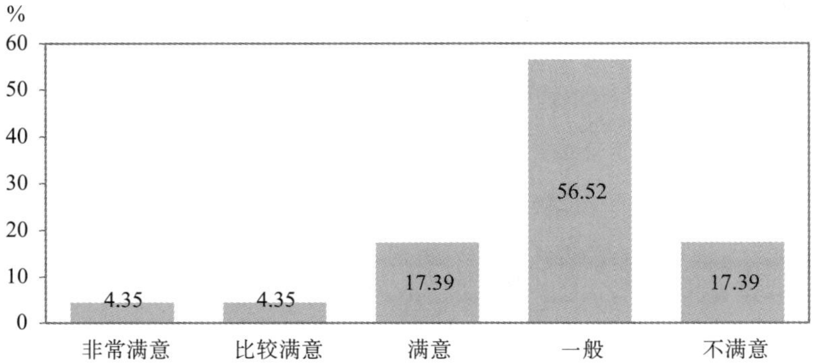

图6－8　从业人员对薪酬满意度调查

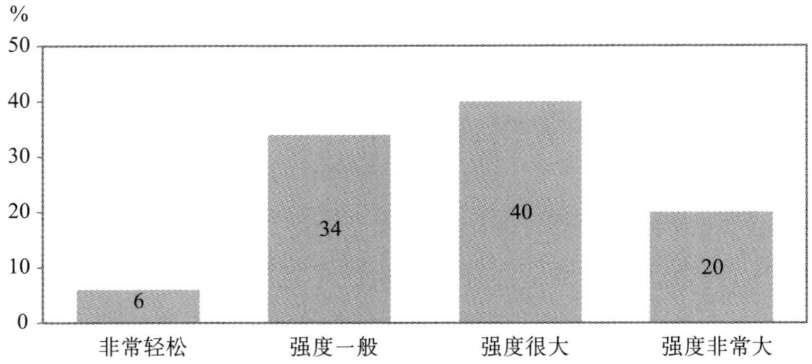

图6-9　从业人员工作强度满意度情况

第二节　江西省文化中介组织发展存在的问题

一、从业人员素质有待提高

（一）道德素养需要加强

在中介行业从业的人员，应该具有的最基本的素质就是道德感和专业能力，文化中介从业人员更是对自身的道德素质要求较高，首先是由于该行业的特殊性。以文化商品举例，它不同于一般物质商品，文化商品的使用价值指的是产品的内容、品位以及技巧方面带来的精神满足感，具有强烈的意识形态性。所以，对文化中介组织从业人员道德素质要求较高是为了保护文化商品及消费者的权益。

（二）专业水平需要提高

经营者的经营能力和员工的专业素养是决定文化中介组织能否在行业内的得到认可的重要因素。文化中介组织不同于其他中介，一个专业的房地产经纪人可能只需要掌握房子的市场行情以及对自己拥有的楼盘大致了解即可，但是文化中介的服务已经深入到文化产品的研发到投入产出的各个环节，这不仅需要从业人员对文化产品的价值具有专业性判断，还需要拥有一系列其他技能，如市场运营、企业管理、信息收集、资金运作等。一个中介组织只有做好全套服务，才会换来客户的信赖和支持。

我国文化中介起步晚，发展速度远快于人才的专业教育培养，再加上资质评定体系不完善，导致准入门槛低。在江西省的文化中介调查发现，人员学历等级参差不齐，但是高学历专业人才占比很少，甚至大量从业人员连执业资质都未取得，在这种情况下进入文化中介服务行列中，难免使一些中介机构文化水平、专业水平偏低、整体素质不高。中介组织对已拥有的从业人员培训和管理工作没有到位，粗略统计，每年都享有专业培训的中介数量占总数的 50% 不到，也就意味着基本只有业务量已经很大、发展相对成熟的中介才会组织人员培训，一般的小型中介组织基本没有。

(三) 人才流动过于频繁

无论一个地区，还是一个企业，人才才是其生存之本，是决定一个地区或企业核心竞争力的关键因素。保持合理的人才流动有利于加快人才和企业的发展，但是一个行业的人才流动比率过高，必定会造成人力资源的不足或浪费，进而影响企业的健康稳定发展。在对各文化中介相关领导及相关从业人员的访谈中可知，江西省文化中介人才流动比率很快。调查问卷数据显示，在文化中介行业工作年限超过 10 年的从业人员占 22%，具体数据如图 6－10 所示。

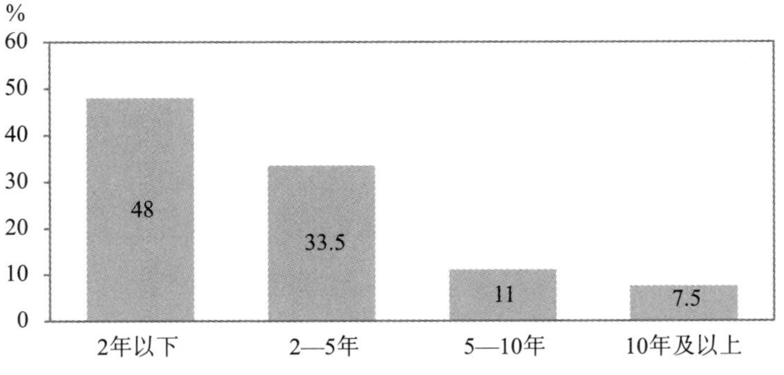

图 6－10 从业年限基本情况

从图 6－10 可以发现，在行业内工作超过 10 年的从业人员仅占总人数的 7.5%，而低于 2 年的从业人员占 48%，绝大部分从业人员仅在业内工作 5 年就会选择转行。根据从业人员的反馈，主要是由于工作压力较大，每天面对形形色色的客户会感觉很疲劳，一般在行业内工作几年就会选择换一个比较稳定的工作环境。

二、综合经济发展能力不强

我国文化产业受计划经济影响的时间较长，一直以来都属于高度垄断行业。随着我国市场经济逐步渗透，经过近30年的发展，文化产业开始市场化。但是受官办色彩影响时间较长，加上文化市场发展不成熟，很大程度上限制了文化产业市场化程度，从而直接影响了文化中介组织的发展空间。在受调查的文化中介组织中，江西省文化中介组织发展的整体水平还是较低的，主要表现在以下几个方面。

（一）经济环境差，创新能力弱

江西省整体经济环境的落后是造成文化产业落后的根本原因。江西省作为中部六省之一，与安徽、湖南、福建、浙江、湖北接壤，处于较为中心的地理位置，但是其地区生产总值却一直落后于这些邻省（见表6－4）。

表6－4　　中部各地区生产总值　　单位：亿元

	2011年	2012年	2013年	2014年	2015年
江西	11702.82	12948.88	14410.19	15714.63	16723.78
安徽	15300.65	17212.05	19229.34	20848.75	22005.63
福建	17560.18	19701.78	21868.49	24055.76	25979.82
浙江	32318.85	34665.33	37756.58	40173.03	42886.49
山东	45361.85	50013.24	55230.32	59426.59	63002.33
江苏	49110.27	54058.22	59753.37	65088.32	70116.38

资料来源：《中国统计年鉴（2015）》。

根据表6－4可发现，江西省在整个中部地区的生产总值一直处于落后的状态。按三个产业分地区生产总值的统计数据，江西省第一产业、第二产业及第三产业都是中部地区最低的，可反映出江西省整个市场经济环境比较落后。一个省份的任何产业的发展都离不开该省的整体经济发展情况。

另外，江西省文化中介组织的创新能力弱，很多经营模式都是发达城市已经淘汰的模式。很多发达城市的传统文化都已经转型，文化中介公司的互联网信息服务、娱乐休闲服务、文化软件服务、广播电视服务等新兴文化产业模式发展相当成熟，而江西省文化中介目前主要还是依赖传统的文化服务模式。

（二）平台规模小，辐射力不强

首先，根据相关数据可发现，江西省文化中介组织规模平台在整个中部地区发展规模是最小的。以2014年数据为例（见表6－5），江西省规模以上的文化产业企业数、资产和营业收入仅高于山西，均列在中部6省第5位，整体情况比中部六省中其他四省——安徽、江西、湖南、湖北的数量和业务收入都低很多。这必然导致江西省的文化中介组织的发展空间受到限制。

表6－5　　2014年中部六省三上文化产业企业的基本情况

分类	全国	山西	安徽	江西	河南	湖北	湖南	江西占全国比重
单位数（家）	45799	359	1585	826	2176	1525	2370	1.8%
业务收入（亿元）	73841.02	207.81	1796.21	1501.99	2741.79	1626.10	3140.39	2.0%
资产（亿元）	69406.44	346.93	1618.10	934.64	2431.80	1784.11	2213.95	1.3%

其次，江西省具有文化艺术品拍卖资质的中介企业仅10家，占全国的2%，在很大程度上制约了文化艺术品的发展。所以艺术品拍卖要与国际接轨就需要引进专业人才，建立国际艺术品拍卖公司，将景德镇陶瓷、江西名人字画等江西本土艺术品带出江西，走向全国甚至全世界。但没有成熟的中介，一些潜力文化产品就无法打入文化市场。类似艺人的培养需要包装一样，文化产品要走出去也需要通过包装，江西省目前文化中介组织尚缺乏文化产品包装功能，无法促进文化产品走出去。

第三，江西省基本文化消费供给过剩且质量不高，能够启迪心智、陶冶心性、满足消费者较高层次精神追求和情感体验的发展型文化消费品，供给数量和质量也明显不足。在江西省大部分文化艺术品还需要自产自销，这样一来就会浪费很多精力在销售过程上，无法专心研究艺术，使得江西省很难有很出色的文化产品出现。这在一定程度上抑制了文化中介组织的发展，也抑制了消费意愿和消费市场的健康发展。

（三）资源较分散，配置能力弱

中国的文化资源存在一个普遍特点，即“散、粗、泛”，文化中介组织的疏导、协调功能是有利于文化资源配置的。调查数据反映，江西省文化中介组织对文化资源配置功能并不强。目前江西省对文化中介组织的定位并非很明确，秩序尚未形成，行业内出现恶性竞争，文化中介组织的资源配置功能被弱化。如此一来行业内信息流通不畅，资源共享不够，导致行业内协调性差，增加了文化产品交易成本。

与此同时，现阶段市场上存在很多经营规模小、结构关系不完整的文化中介组织，由于市场不够成熟导致各文化中介主体为了自身的利益而不择手段，出现恶性竞争行为。同时，由于文化中介组织发展的历史原因，江西省的文化资源并没有在某个平台实现共享的状态，各文化中介组织之间缺乏有效的联系、合作的机会，导致整个江西省的文化中介组织竞争力减弱，无法整合文化资源。这样一来，不仅难以形成规模化优势，而且无法带动江西省文化中介组织的整体进步，从一定程度上制约了江西省文化产业的繁荣发展。

三、相关法律制度严重缺失

到目前为止，我国对文化中介组织的定义、性质、功能以及文化中介组织主体的相关法律地位及职责等都没有明确的界定，所以在文化中介组织市场环境的秩序维持就成了很大的问题。本书主要从文化中介组织的主体地位和行为制度出发谈论法律的缺失。

（一）文化中介主体法律地位不明确

在计划经济体制下，文化中介组织中有一小部分带有官方色彩，还有很大一部分，尤其是近几年兴起的一大批文化中介是在市场经济环境下产生的，以满足市场上对文化信息的需求。如此一来，市场上的文化中介组织形成了多主体现象。具有官方背景的文化中介组织，自然拥有更多资源和机会。正常情况下，从经济人的角度出发，政府部门在利益的驱使下，会尽可能关照其关联企业的业务，从而导致市场信息不对称。这严重影响了文化中介组织之间的良性竞争，限制了其在文化市场的自发调节作用以及自主运行功能①。

国家和地方政府在对文化中介机构的法律法规建设上进行了一定的改革，

① 李恒光．我国中介组织培育函待解决的问题［J］．山东工商学院学报，2003（3）：18.

但是这些法律法规对中介机构主体的法律地位还是不能准确定位，对中介机构的经营自主权没有明确规定，因而，中介机构出现这样那样的负面影响也就不足为奇。中介机构的法律地位如果不能够得到明确，就会给民办中介组织的运作造成障碍，给中介机构在公平竞争中构筑屏障，对中介机构的整体发展没有好处。

（二）文化中介行为制度内容不完整

1. 文化中介行为种类匮乏

根据调查，目前江西省文化中介组织行为种类主要有文化咨询、文化经纪、广告代理、书画代理以及一些艺术品拍卖等。总体而言，形式还较为简单，都是一些文化中介投资机构或者一些为了短期盈利的文化中介组织，对具有一定社会地位和较大规模的文化企业提供长期文化中介服务还较为少见。例如我国一些较为发达的地区，已经出现了很多文化产品的融资租赁项目，由文化中介组织通过其专业平台为文化企业或产品搭建融资平台，为文化企业提供金融租赁中介服务等。然而目前江西省在金融市场方面，文化中介组织的能力还有待提升，这会很大程度上影响江西省文化产业的资金规模。

2. 文化中介行为方式规范不具体

随着文化中介组织服务的范围越来越广泛，其涉及的范围领域包括文化相关信息咨询、文化产品的鉴定评估和成果转化、文化产业的代理服务以及与文化产业相关的法律咨询服务等。但是，目前法律法规对这类文化中介组织的民生事或商事行为的权利义务没有作出明确的规定。这就导致文化中介市场上很多行为无法受到法律的约束，为了获取利益甚至会出现坑蒙拐骗的行为。

在对江西省文化中介组织的行为方式进行研究后发现，我国对于文化领域的法律法规还处于待完善的状态，目前主要有涉及新闻出版、广播电视电影、文化文物以及互联网领域的法律法规，粗略统计有 50 部。近年文化产业涉及领域不断增加，也引起了相关法律部门的重视与关注，关于文化产品的生产、经营、传播等过程的相关管理办法、条例以及一些规定等相继出台。而对于文化中介组织这类服务性机构的相关详细法律约束条例并没有出现，也没有对其具体操作行为出台相关法律法规。在很多实际情况下，文化中介组织为获取利益而进行一些不规范的操作，这样就导致行业内不公平竞争。相关部门对文化中介组织的主体规范查处不严格，导致其有空可钻。

3. 文化中介行为主体责任不明确

文化中介组织作为市场经济的独立主体，对其权利及义务的规范是非常有必要的。但是目前在江西省尚未对文化中介组织本身及从业人员出台具体的法律法规去约束其行为。首先，文化中介组织主体在具体实施文化中介服务行为上，他们的权利和义务无法通过法律来确认，这样就导致在具体业务上没有法律支撑，大家对自身应该承担责任的性质和标准没有一个统一标准。这造成了目前市场上文化中介组织在实际业务操作时经常遇到纠纷，在权利义务上无法达成统一意见。这种法律不健全、人员素质参差不齐的环境使文化中介组织在发展过程中障碍较多。

目前我国无论哪个行业，合同契约精神都在不断加强，所以无论在什么行业，对于合同的签订都是非常严谨的，不仅要与对方商定好合同条款，还要牵涉公司内部的各个部门，包括业务部门、法务部门、风险控制委员会等层层的检查，以免后续出现不必要的纠纷。在市场上文化中介组织与其从业人员之间也存在法律纠纷，由于机构和从业人员之间的责任和义务没有明确，从业人员为获取额外收益会利用公司名义去接私活。由于没有相应的约束，这种行为越来越多，扰乱市场秩序。对于种类日益繁多的文化中介组织，其分工以及专业性的要求越来越高，对其从业人员的要求也更为严格。然而，目前市场上的各类文化中介组织并没有很强的分工，人员流动性也较为频繁。综上所述，江西省文化中介组织无论是文化中介组织本身，还是中介从业人员，都没有明确的法律规定其应该承担的责任，责任主体不明确就会出现很多扰乱市场的行为。

四、政策支持力度较小，市场自发成长速度较慢

（一）政府扶持政策缺乏

各行各业的发展都离不开国家政策的推进，优越的政策和完善的保障体系是其健康发展的动力和保障。对于文化产业，2003 年我国文化部、国务院办公厅、财政部等中央单位就陆续出台相关政策促进文化产业更好更快发展，如补贴政策、专项资金补助、资本金补充、绩效奖励、保险费补助等一系列政策。同时各地方政府为响应国家政策，也都制定了具有针对性的地方政策促进

地方的文化产业发展。近年来，颁布的一系列文化产业发展政策很好地促进了江西省文化产业的发展，但从微观层面分析还是存在较多问题，尤其是针对文化细分产业的相关政策的制定依然有很多空缺和漏洞，甚至有出现与实际情况脱离的现象。从宏观角度分析，江西省文化产业政策整体情况相对我国其他省份而言还是不完善的：政策执行者对于文化产业所做的研究还不够深入到位，同时缺乏鼓励政策与惩罚机制的联动效应，政策执行效果一般。要想为江西省文化产业的发展营造更好的环境，首先就是要根据文化产业发展实际及需求不断完善政策保障体系①。

目前江西省的文化中介组织的社会地位相对较低，公信力和舆论环境较差。首先，从历史原因分析，由于我国的国情原因，文化产业起步相对较晚，一直以来我国的消费水平都偏低，文化消费属于奢侈品，无法走进大众生活消费中，导致文化产品只能在富人圈子里流通，普通百姓对文化消费敬而远之，没有培养出消费习惯，所以人们对文化中介组织的认知非常薄弱，甚至有排斥心理。其次，文化中介组织的这个主体一直以来都是民营企业较多，很少有公共力量参与其中，也没有政府为其宣传推广，如此一来，其公信力就大大降低。

（二）市场准入与退出机制不合理

准入与退出机制是每个行业制定进出市场的标准，是必须遵守的，同时市场准入与退出机制是一个行业的规则，严格执行是非常有必要的。严格市场准入退出制度，要放宽国内民间资本的市场准入领域，创造各类市场主体公平竞争的环境。在我国加入世界贸易组织时，也对外资企业准入原则做了明确承诺，必须认真履行义务②。

为了鼓励处在起步阶段的文化中介积极发展，国家在市场准入及退出机制方面十分宽松，所以导致市场上的文化中介组织实力参差不齐，并且大量文化中介企业只是一个空壳，没有实际发生过业务。通过电话访谈，在工商局经过注册、留有联系方式的文化中介，很大一部分都只是挂牌企业，主要目的不是

---

① 张正德，张倬，徐海波．浅谈江西省文化产业政策对文化产业的促进及发展［J］．知识经济，2016（22）：25－26.

② 建立健全教育、制度、监督并重的惩治和预防腐败体系实施纲要［Z］．2005－01－03.

为了经营文化产业，而是带动母公司其他产业发展。另外，在市场上还存在众多小型文化中介组织，注册资本仅1万元人民币，类似于皮包公司。江西省目前注册一个广告代理公司或者演艺中介公司，注册资本没有硬性要求，对注册人的审核也是流于形式，所以很多拥有少量文化资源的人开始注册文化中介公司，以便于利用手上的文化资源获得利益，这样一来就造成文化资源分散、利用效率不高。

当下江西省文化中介组织发展相关制度还相当不完善，准入和退出机制也非常不完善。部分尚未取得文化中介组织经营资质的，或者尚未在工商行政部门等备案的都可以从事文化中介活动。文化中介组织从业人员的进入和退出机制也没有严格的规定。文化中介组织的退出机制也是非常简单的，目前江西省不法或违法的文化中介行为时有发生，但是只能根据相关对中介组织管理的规定给予处分，没有实际上的惩罚措施，很多都只停留在形式上。

（三）政府监管不到位

文化中介组织会有管理不协调以及秩序不统一的情形，也有一部分原因是政府监管力度和约束机制还不够完善。目前，通过对江西省文化中介组织的调查发现，基本上所有的文化中介都是在市场和质量监督管理局进行登记注册。市场质量和监督管理局依法承担对市场经营秩序监管的职责，对市场交易行为和有关服务行为进行监管，维护公平竞争的市场经营秩序。它的职能还包括依法监督管理中介机构及中介活动，依法查处违法直销和传销、商业贿赂以及一些不正当竞争等违法行为。另外，还具有指导广告业发展，对广告活动进行监管，组织实施标准化的法律、法规以及规章制度等一系列市场监督管理工作。所以市场质量和监督管理局不仅要从事一系列企业的登记工作，还要负责监管工作，如此一来，市场质量和监督管理局工作任务就变得相当大，服务的对象也特别多。文化中介组织这类发展还相对不成熟的企业，无法引起政府及相关部门的重视，监管也相对宽松。

在江西省保险行业，有中国保监局江西监管局监督保险中介，主要负责各自辖区内的保险公司分支机构，例如审批和管理相关中介机构的准入及退出机制，监测分析监管范围内保险中介机构的运行情况，以便可以及时上报相关风险。该机构将江西省保险行业以及保险中介的整体动态实时反映在官方网站，可随时监督管理。但是目前在江西省没有任何相关的官方平台或网站可以反映文化中介组织发展情况，所以想了解江西省文化中介组织的整体情况还需要实地调查，研究结果也没有官方的网站刊登，花费大量人力物力得到的效果并不明显。这样一来文化中介组织管理就变得分散化、碎片化，相关的监管制度也不完善，没有明确的监管主体，也没有清晰的监管目标。

第七章

国外文化中介组织发展经验及启示

作为一种新兴的产业经济形态，中外文化产业的发展具有共性。但国外文化产业管理规划体系是一种从市场经济体制中自然生长出来的产业结构，经历了一个长期的内生成长过程。我国的文化产业是在由计划体制向市场体系转轨的过渡性环境中产生的，其发展路径由外部植入，国外经验不乏制度示范意义。本章旨在总结国外文化产业发展的经验，并结合我国国情和我国文化产业发展的现状，同时明确我国文化产业发展的基本战略定位，从而提出推动我国文化产业发展的相关管理体系的建议。

第一节　美国文化中介组织发展案例

美国是一个历史较短、文化资源也相对匮乏的国家。20 世纪以来，美国创造了国际上最强的文化大国，远超过其他发达国家，不仅规模、产值位居榜首，其目前的竞争力也是国际上数一数二的。

一、美国文化产业的成功案例

相对于中国，欧美等一些发达国家工业化进程早，其文化产业的形成时间也较早。一直以来，文化产业在一些欧美国家的经济定位高，因此政府推动文化产业发展的意识强。当下的美国，不仅在国内建立了完善的文化产业体系，而且在全世界的文化经济中，在制定全球战略、获取世界级文化资源中，扮演着重要角色。据统计，目前美国文化产业产值占其国民生产总值的 18%—

25%，占据了美国三大支柱产业的宝座。文化中介组织是美国整个文化产业的重要组成部分，其对美国文化产业所作的贡献主要有以下几个方面。

首先，美国的广播、电影业的繁荣发展为文化中介组织提供了世界级的平台。目前，国际一半以上的“文化巨无霸企业”都来自美国，并且全世界超过3/4的电视节目的生产和制作都由它控制，美国每年向世界转播的节目占60%—80%，并且垄断了第三世界绝大部分的新闻行业。美国的几大新闻媒体已经做到了覆盖全世界，它们发布的新闻信息量超过了世界其他国家发布的总信息量的100倍，其中包括哥伦比亚广播公司、美国广播公司等，是一个非常庞大的文化传播平台。如日中天的电影行业很好地带动美国文化中介产业的发展，如此一来，美国的文化中介组织自然走在世界的顶端，不仅拥有丰富的文化资源，还占据了世界级平台，各种优势使其发展非常快。

其次，美国的表演艺术等发展在全世界范围都拥有很大的市场，包括剧院、文化艺术服务机构、艺术团体等一系列相关行业形成的产业链，带动了美国文化产业的发展，而且广阔的艺术表演市场也带动文化经纪公司等中介的发展。美国的艺术表演每年创造的利润是非常可观的，总体而言可以达到成本的10倍以上，是一个庞大的数字。同时还带动周边产业的发展，例如网络媒体、新闻行业、电影电视等文化娱乐产业。

美国的文化中介组织涉及的范围非常广泛，其中发展最为知名的就是美国的文化经纪公司。好莱坞五大文化经纪公司在全球都拥有非常大的名气，包括CAA——创新艺术家经纪公司、WMA——威廉·莫里斯经纪公司、ICM——国际创新管理公司、UTA——联合精英经纪公司和Endeavor——奋进精英经纪公司。这五大文化经纪公司主要业务范围涵盖了电影、电视、出版行业精英人才代理、体育、音乐、文化产业的融资、营销等，并且它们拥有全球最顶尖的文化资源和文化人才。

美国的文化经纪公司属于专业中介机构，主要是文化经纪公司或其经纪人为文化工作者签订合同，然后根据他们的需求去寻找专业化的公司，或者是帮助一些文化公司寻找所需的人才。在美国，类似于猎头活动、文化人才培养等文化中介组织都不属于文化经纪范畴，因为文化经纪公司具有非常严格的许可。美国文化经纪活动较为发达的几个地区都有相关法律的支持，如纽约、佛罗里达、加利福尼亚等地区，都是由当地政府制定相关法律，并授权政府进行监管，形成了以许可制度为中心、以法律为支撑的文化经纪管理体系。目前，CAA 是全球公认最有权势的经纪公司，其经纪人人数约为 100 个，并在北京设有办事处。WMA 创建于 1898 年，是经纪业的百年老店，五大经纪家族的另外四家加在一起也没有它年头长，WMA 目前拥有 250 名经纪人。

二、美国促进文化中介组织发展的政策措施

美国的整个文化市场在国际上来说都是较为成熟的，也是世界上最大的文化市场。它是在一个完全市场竞争的环境中发展起来的，有健全的文化中介组织制度，而且国民的文化消费意识也非常强。通过理顺美国文化中介组织发展之路，可以从中总结出以下经验。

1. 立法引导文化中介组织发展

美国是一个高度市场化的国家，在美国的市场上，政府充当的是服务的角色，由政府直接管理的部门是很少的。文化产业也是完全市场化的，并没有专门的文化管理部门，而是通过政府和市场结合，制定法律规范、行业自律等方式引导文化中介组织健康发展。这一切都依赖于成熟的市场和健全的法律法规，使得文化中介组织在市场上有一个较为宽松却有秩序的环境。比如美国在宪法中明确新闻行业的自由原则，使得美国的新闻业从垄断转变成市场竞争的局面，为美国新闻行业的快速发展作出了巨大的贡献。当前美国新闻行业占据世界新闻市场的 75% 的局面，是离不开宪法赋予的权力以及完善的法律环境支持的。

美国其他的一些独立文化中介组织也对美国的文化产业有着重要的影响，如非政府组织的艺术家协会、民间文化艺术展览等。尽管在 1929—1933 年的经济大萧条之后，政府也引进了一系列的宏观调控思想，但是文化产业依然采取自主管理的模式，并且相应成立了很多独立于政府的行业协会，不仅促使文化产业相关政策的制定更加合理化，同时为文化中介组织提供了更加适应的生存环境。

2. 以市场为基础分配文化资源

文化资源是文化市场的基础要素，它的占有方式决定了文化市场的发展模

式，也直接关系到文化中介组织的发展环境。美国的文化资源就是以市场为基础来配置的，行政手段干预非常少。这样一来，文化中介组织在市场环境下可以充分调动文化资源，同时，也体现出价格机制的作用，使得营利性文化资源可在文化中介组织协调下实现利益最大化配置。不仅可以提高文化资源利用效率，而且促进了文化资源的循环利用。

3. 民间资本推动文化中介组织的发展

一个行业所吸收的资本来源也在很大程度上决定了行业的发展前景，如果只靠政府资金扶持，其市场化程度就将被限制，也很难得到市场资本的进入。而美国的文化产业主要吸收的是民间资本，包括其文化设施等都是民间创意、政府出资的文化项目，也是聘请业内专业管理经营人士来制定各项标准，整体来说还是靠民间的智慧来促进发展，并不是采取政府包办的形式。

民间资本进入文化产业不仅解决了美国文化产业发展的资金问题，也促进了文化中介组织之间的竞争。在利益的驱动下，文化中介组织的细分市场越来越具有针对性，保证了足够的、差异性的文化产品之间有更多信息流动渠道，更好地满足文化企业对文化市场上信息的需求，并且使文化资本拥有循环使用空间。美国为了促进文化产业的发展，还鼓励引进国外资本，吸纳更多的资本进入国内的文化产业，给文化中介组织提供更广阔的发展空间，通过跨国资本运作的方式来加速本国文化产业的发展，同时带动美国的文化中介组织走向国际舞台。

4. 构建地方政府文化市场监管体系

美国是三权分立的代表国家，行政部门、立法部门和司法部门之间相互独立又相互牵制，实现对文化市场的监管体系。权力意味着至高无上，如果掌权者滥用手中的权力，则会直接导致消费者的利益遭受损害，并且会侵犯文化市场主体及消费者的权利和自由。而三权分立的监管体系就很好地制约了各自的权力，三者的明确分工不仅会提高监管效率，而且有效防止相互推脱或者侵权越权行为的出现。因此，美国各地方政府非常明确各自所担当的职责，为建设文化市场法治化作出努力①。

① 梁颖．提升地方政府文化市场监管能力的路径［J］．管理观察，2015（16）：39－42.

第二节　德国的文化中介组织

一、德国文化中介组织的类型

在德国起文化中介作用的社会组织中，有不少从19世纪开始，随着工商自由政策的实施和工业化的进程，已逐步形成了它们相对统一的前身组织。20世纪60年代中期，由于遇到了战后第一次经济危机，德国加强了国家干预，当时的大联合政府发现了各种社会协会组织的文化中介作用，主张推行社会协会和政府一起参与的“集中行动”，推行政府和社会合作的宏观经济管理模式。在“新凯恩斯学派”影响经济行政管理模式的今天，德国更是注重发挥这些社会协会组织的文化中介作用。目前德国有30多万个协会，而在德国国会登记的协会大约1000个。并不是所有的协会都有同样的影响力。这些协会组织主要分布在5大领域，即经济、社会、政治、文化科学和区域行政。（1）企业家协会。德国的企业家协会主要由德国工商大会、德国联邦雇主协会、德国联邦工业联合会、德国工商经济共同委员会和德国手工业协会等构成。（2）劳工集团。劳工集团主要包括德国工会联合会、德国职员工会和职业协会等社会协会组织。（3）农业团体。德国虽然是一个工业国家，但是也有农业社会团体，这就是德国农民联合会。它代表了大约70万名农业企业和农户的利益，参与制定、执行和促进农林牧副渔方面的经济、税收、社会和教育政策过程中的活动，对这些领域内的各种问题提出建议，发表看法。（4）消费者保护协会。消费者保护协会主要由消费者协会联合会和商品检验基金会构成。

二、德国文化中介组织的特点

（一）文化中介组织结构的集中性

德国的文化中介组织具有集中性、统一性和覆盖面广的特点。如德国联邦雇主协会成员占全部雇主的80%，德国工业联盟成员占全部工业企业的90%，而工会成员占全部就业职工的39%。德国文化中介组织之所以呈现这种特点，主要是因为：（1）从历史上看，德国有相当多的文化中介组织的前身是当时君主立宪时期由国家强制推行的，而且这种封建行会具有社会互助的传统。(2) 从经济体制政策看，德国是一个欧洲后起的工业国家，经济上面临激烈的国际竞争。所以，企业有联合的需要以及具有与政府合作和支持的要求。在工业化刚起步时期的君主立宪政府推行了国家干预的经济政策，强调与企业进行合作。(3) 从社会结构和发展看，德国的工人运动十分发达，而且德国不存在美国所面临的种族和民族问题，从而有利于社会组织向统一的方向发展。

(二) 文化中介组织更多地显示出“中介”组织的功能

在德国，基本法强调议员不受任何组织指示的规定和选举法关于议员候选人提名程序的规定，在很大程度上排除了文化中介组织通过院外活动去影响议会的必要性和可能性，从而使得它们对议会的影响方式改变了、透明度提高了。因此，文化中介组织的影响主要集中在行政部门。这种对行政部门的影响也在较大程度上机构化和法律化。各社会组织都在法定的机构和程序中进行公开的协商、谈判、咨询、协调、听证及建议，争取达成各有关方面的共识。因此，德国的文化中介组织更加显示了“中介”的功能。

(三) 行业协会是最重要的文化中介组织

在德国的文化中介组织中，最为活跃的当属以德国工商大会和德国联邦雇主协会为主要代表的各种行业性管理组织——行业协会。第二次世界大战后，德国在尚未摆脱盟军占领的情况下，其经济的恢复和发展在很大程度上得力于这些具有高度统一性、自治性及组织能力较强的行业协会。这些行业协会在德国的经济、社会、政治、文化及科学领域内的作用和影响是巨大的。德国的行业协会既游离在政府之外，又与政府有一定联系，并且同广大法人、自然人密切相关、利益共存的。德国众多的行业协会各自的行业不同、地区不同、性质不同，各具特点，它们在政府与企业、社会与个人、企业与企业之间起了政府、企业无法起到的沟通、桥梁、纽带作用。因此，行业协会可以说是德国市场经济运行机制中不可缺少的组成部分，它们是德国市场经济运行机制的重要补充。

第三节 日本文化中介组织

一、日本中介组织的类型

日本的文化中介组织很健全，数量也很多，这与日本的市场经济发展水平高有很大关系。按照所属的不同性质可把它划分为三类：一是以官方为主的市场中介组织。在日本官办的中介组织中，最典型的是审议会。审议会是政府部门咨询机构，同欧美国家政府部门中的各类委员会及顾问委员会一样，都是为政府部门的决策服务的。日本的审议会都是根据有关法律设立的，如日本的《国家行政组织法》，且其成员构成上具有较大的广泛性和代表性，成员主要是从有经济活动经验的企业家、知识阶层和政府官员中选拔的，所以能够反映和协调各方面的意见。二是以民间为主的市场中介组织。日本民间有5万多个团体和行业组织，几乎所有的行业、企业都参加了某一个民间经济团体或协会。这些民间性质的中介组织，以强调和保护本团体、本行业的利益为主开展多种多样的经济活动，如搜集情报，在成员间交换情报，调整成员间利益关系等。特别是这些组织同政府保持着密切联系，因而既可以团体或协会的名义向政府提出政策建议，促使政府部门采取对本团体、本行业有利的产业政策，又可代行政府部门的管理职能，在政府部门的“行政指导”下，贯彻政府的经济发展计划。三是完全中立的市场中介组织。这类市场中介组织有市场公平交易委员会、会计事务所、仲裁机构和公证人委员会等，它们的共同特点是独立于政府和市场及企业，在国家立法的保证和约束之下开展活动。其作用渗透到社会生活各个方面，发挥着维护市场竞争环境，加快交易活动，降低市场交易费用以及保证合法权益等重要作用。

二、日本文化中介组织的特点

一是日本的税理士事务所。作为日本税务机关与纳税人之间的中介机构，在促进纳税人提高纳税意识、遵守税法和税务机关严格公正收税中发挥着十分重要的作用。二是日本的农业协会。它在向政府反映农民的要求和利益，代表农民与其他利益集团进行的协调中，很好地维护了农民的利益。三是日本的信息咨询中介机构。据估计日本现有信息咨询类企业3000多家。其中大型的综合型咨询企业有200多家。企业诊断是日本信息咨询业的大宗业务，也是它的突出特点，为企业特别是为中小企业提供良好的咨询服务，在提高企业竞争力方面有重要的作用。

第四节 韩国文化中介组织

在韩国，文化产业与金融业、房地产业并列为三大支柱性服务产业。据统计，2001年韩国文化内容产业的市场规模为130000亿韩元，2002年达到188388亿韩元，折合17416亿美元，占该年度国民生产总值的21.89%。2002年是韩国文化产业大放异彩的一年，其文化产业市场规模达到188388亿韩元，其中，广播电视73000亿韩元，卡通2771亿韩元，游戏34026亿韩元，电影6327亿韩元，动漫3660亿韩元，唱片2861亿韩元。2002年韩国文化产品海外出口达5亿美元，据世界份额统计数据显示，1999—2003年韩国文化内容产业的市场规模年均增长约27.17%，而2002年韩国的GDP增长率仅为6.1%。韩国经济总量在世界八强之外，却跻身世界八大文化产业强国之一。

一、韩国文化产业崛起原因分析

（一）政府层面战略重视

1997年席卷东亚的金融危机使韩国经济受到重挫。为了摆脱经济困境，寻求新的增长点，韩国根据国内外市场发展的变化，积极主动地调整产业结构，开始大规模向文化产业进军。1998年韩国正式提出“文化立国”战略，把文化行业和生物技术列为21世纪重要的行业。随后韩国政府相继出台《国民政府的新文化政策》（1998年）、《文化产业发展八年》（1999年）、《21世纪文化行业的设想》（2000年）、《文化韩国21世纪设想》（2002年）等。

（二）完善管理机制

建立完善的文化中介管理机制。韩国负责韩国文化中介产业管理的政府部门主要是韩国的文化观光部。1994年该部首次设立“文化产业局”，专门负责文化中介机构的相关管理工作。此外还有两个业务局——文化政策局和艺术局也有相关职责。2000 年，韩国还设立了“韩国文化产业振兴委员会”，从宏观的角度来制定产业政策发展方向。为了保证各项政策有效地落实，催生和帮助本国文化中介企业的发展壮大，韩国政府设立了“文化内容产业振兴院”。其日常任务是发掘各种文化内容，为文化产品的策划、制作、流通，吸引投资和促进出口等提供全面服务。此外，韩国文化观光部以外的政府部门对韩国文化产业的发展提供基础支持和环境支持。如产业资源部提供进军海外和产业界的资金支援，科学技术部提供文化技术开发支援，情报通信部提供 IT 基础环境支持和基层技术支持，教育部提供文化产业人才培育支持，财务经济部提供课税优惠方面的支持等。通过“齐抓共管”，形成协同治理，为韩国文化产业的顺利发展提供了制度保障。

（三）法制管理

加强文化中介产业法制化管理。政府于 1999 年制定了《文化产业振兴基本法》，奠定了文化产业发展的法制基石。为适应数字化信息时代文化产业发展的需要，近两年陆续对《影像振兴基本法》《著作权法》《电影振兴法》《演出法》《广播法》《唱片录像带暨游戏制品法》等作了部分或全部修订。2002 年 8 月韩国还制定了《出版与印刷振兴法》。完善的法律体系规范了文化产业市场的运行程序。

（四）财政扶植

韩国政府对文化产业的财政支持力度逐年加大，全国文化事业财政预算 2000 年首次突破国家总预算的 1%，全球达到这个水平的国家只有两个，另一个是法国。2003 年韩国的文化投入为 111673 兆韩元。1999 年韩国免除了游戏机的特殊所得税，对电子出版物免收增值税。政府的投入和政策倾斜极大地鼓励了民间资本、风险资本的跟进，有效地解决了文化行业研发和海外推广的资金问题。

要真正实现可持续发展，文化企业的活力与创新才是根本，政策导向取代了市场规律。韩国文化经营性企业能够在全球竞争中脱颖而出，除了政府的“保驾护航”之外，其自身的经营管理也有许多可取之处。

一是做大做强，提高产业化程度。在激烈的全球竞争中，文化产业发达国家通过跨国、跨媒体兼并，规模迅速壮大，垄断地位日益巩固。而对外来压力，韩国文化企业也提出“做大做强”，通过规模效益来提升竞争力。一些大财团在政府的鼓励下对投资文化产业十分热情，像三星公司在首尔投资兴建爱宝乐园、LG 公司投资影视业，巧妙地实现了工业化发展、信息化发展与创意化发展的有机结合。

二是“一源多用”。韩国比较注重对文化产品的综合开发，尤其是在动漫卡通形象、出版漫画、音乐、游戏、电影、电视剧等领域中，一旦某种文化产品在市场取得成功，只需要追加少量的费用就可以产生多种收入模式，创造出高效益的附加值产业。如韩国的“利尼基”“飞天舞”“杜莉”“阿玛盖通”等有代表性的国产名作漫画纷纷被改编成动漫、游戏、电影等卡通形象，展现出“一种资源，多种使用”经营模式的巨大活力。这也表明组建跨媒体的文化产业集团是文化企业发展的必然趋势。

第五节　法国文化中介组织

冷战结束后，世界各国都越来越重视文化软实力，为了发展文化软实力，各国纷纷采取了很多具体且富有效果的措施，法国也不例外。但与世界其他一些国家的运作方式有所不同，法国文化软实力战略的运作特点明显，具体体现在以下几个方面。

（一）政府起主导作用

从历史经验及法国社会的现状来看，法国政府都当仁不让地成为文化事业的主导者，成为文化领域的领导核心。对文化艺术的管理和资助是法国文化软实力战略运作的最主要模式之一。这一法兰西特色表现在诸多方面：国家作为引领文化的风向标，在文化领域倡导建立绝对核心的价值标准，对文化领域的从业人员进行管理和培训，等等。

1959 年，第五共和国成立后不久，法国政府就组建了文化部，文化部的成立标志着法国文化软实力战略开始正式进入实施阶段。同时法国政府把文化当成是所有公民的共同财富，每个公民都可以平等地参与管理和享受这一财富。为此，法国政府专门拿出了一部分资金用于资助文化事业的发展，此外法国政府还出台了一系列的政策来促进法国国民共享文化成果。如在“世界文化遗产日”，所有的名胜古迹和博物馆等都会在这一天向国内外公众免费开放；另外，无论本地居民还是外国人都可以到法国各地的公共图书馆办理借书证和免费借阅书籍，也可办理借书证借阅馆内的音像制品。

此外，法国政府直接拨款用以维持法国文化中介机构的日常运行。法国政府还积极提供各类文化配套设施，资助文学、艺术、音乐、影视等各类文化行业的发展。法国政府还资助本国的电影制作、发行和放映公司。文化部每年都拨出1亿多欧元的专款来资助出版行业，扶持和资助图书出版行业。法国政府的上述做法为法国文化软实力的发展带来了许多意想不到的结果，正如皮埃尔·穆里尼埃所说的那样：“政府的积极扶持渗透到了文化领域的各个方面，政府确立了文化行为的范围、优先性，树立了文化领域的价值观念、善恶美丑标准，并在此基础上，保证了文化行为的协调发展，提供了有利于文化发展的环境，同时也消除了文化发展中的不平衡。”

（二）实行文化保护政策

法国政府主张出台文化保护政策来保护国内文化市场和民族文化产业，并将文化保护置于国家发展的核心地位。由于法国政府认为文化产业的保护关系到一个国家的形象、国民素质、民族的凝聚力等，因此对于文化的保护可谓是不遗余力。鉴于此，法国政府为了保护文化产业，先后出台了《古迹保护法》《遗产捐赠与继承抵偿法》《建筑法》《图书单一价格法》《著作法》等。

1996年10月，一家捍卫法国文化纯洁性的机构就对一家由美国人开办的学校的网站提出了诉讼，说网站上面没有法语说明。法院通过取证调查，很快就发现了这个网站违反了杜蓬法的有关规定，并勒令其必须马上进行修改。尽管这家网站百般狡辩，但最终还是不得不在其网站上提供法语说明。这一案件由于其影响的广泛性，因此也被法国当地媒体誉为“杜蓬法第一案”。

法国为了捍卫法国文化的纯洁性，可谓是煞费苦心。以外来词语为例，国内相关法规固定只要这个词有相对应的法语表达，就不用外来词语。法国人就基本上不用E-mail这个词，他们一直使用“la courrierelectricite”。可以这样说，法国出台的一系列文化保护方面的政策，对文化软实力的发展还是起了有效地保护作用，极大地促进了法国文化事业的发展。

（三）积极倡导“文化多样性”

作为欧盟的倡导者与领导者之一，在欧盟内部，法国一直致力于推动“文化多样性”。由于欧盟各国相互尊重，相互制约，这也就为欧盟文化政策的实施提供了先天的便利。法语文化在欧盟内部并没有去制约其他文化的发展，而是期望与欧洲其他文化相互借鉴、相互融合、利益共享，法国的这种做法对维护欧洲的“文化多样性”起了很好的作用。

从“文化例外”升华到“文化多样性”，这是法国在21世纪为了适应全球新的形势发展的需要所作的一次重要的文化软实力战略调整，这种调整对于如何与强势的美国文化相处有着非常现实的意义。

第六节　国外文化中介组织管理的启示

一、明确文化管理体制，保证文化发展空间

政府文化管理体制是影响文化产业发展的决定性因素之一。英国、美国文化产业之所以发展较好，与政府独特的文化管理体制密不可分。比如，美国政府不设置专门的文化管理部门，主要借助于法律法规政策的宏观调控来促进文化产业发展。联邦艺术与人文委员会、国家艺术基金会、国家人文基金会等文化中介组织（或者说是准官方机构）代表政府行使大部分的管理职能。美国政府有意创造一个自由、公平的文化产业发展环境，为文化产业提供优惠政策，鼓励多元化的文化投资机制和多种经营方式，鼓励非文化企业和境外资金投入文化产业。美国政府在文化产业发展方面倾向于实行自由主义的策略，政府除了在政策上提供必要的扶持外，基本上不干涉文化产业发展的市场化运作。

英国政府采取“一臂之距”的管理原则。中央政府部门在其与接受拨款的文化艺术团体和机构之间，设置非政府的公共中介机构，负责向政府提供政策咨询，具体分配政府拨款，协助政府制定并具体实施政策等。这类机构的经费源于政府的拨款，但在运作上相对独立，并不受政府的行政干预和管辖。“一臂之距”原则使政府不直接管理文化艺术机构或企业，政府与文化机构

（企业）之间既有一定的联系，又保持一定的距离。这种管理体制给英国文化产业营造了相对宽松的外部环境。

文化基金会在国外文化产业发展过程中发挥了重要的作用。文化艺术基金会作为准政府机构，发挥着扶持、引导和规范文化艺术发展的职能。政府一方面通过直接的财政拨款和间接的税收减免等措施给予文化艺术机构资金上的支持，另一方面又通过艺术理事会（理事会）或国家文化基金（会）参与管理国家文化事务，并对个体艺术家和文化机构提供资助。

除英国外，丹麦、芬兰、加拿大、澳大利亚、奥地利、比利时、瑞典、瑞士等国也采用相似的文化管理体制。如在丹麦，政府逐步缩减直接支配的资金，而由丹麦国家艺术基金会等非政府组织来实施。芬兰对文化的资助，很大程度上由芬兰艺术委员会和地区艺术委员会实施。

二、利用政府与市场的双重力量，推动资本渠道多元化

文化产业发展的投资主要有两个渠道：一是政府奖励性、扶植性、优惠性的拨款和补助，二是来自社会的投资。

美国《国家艺术及人文事业基金法》保证了国家每年拿出资金投入文化艺术，国家艺术基金会、国家人文基金会和博物馆学会承担对文化艺术业资助的任务，同时州和市政府以及联邦政府也会向文化艺术提供资助。英国创意产业的发展有政府拨款、准基金会赞助等方式，而这些只是常规性的拨款。此外，英国还通过发行彩票筹集文化发展经费。法国每年都拨款用于兴建图书馆、博物馆、剧场等文化设施。韩国同样对文化产业投入资金，包括国家的投入、地方的投入、企业的赞助等形式。

同时，以跨国公司为核心，通过项目运作的方式，吸引大量资文化产业。借助于政府与民间两种渠道，世界文化产业大国基本上形成了一个多元主体的投融资体系。

三、文化科技含量高，科技带动作用强

科技不再是一种辅助性的工具手段，而是现代经济发展的一个重要依托。在西方发达国家，以各种高科技为载体的文化产品和文化服务，不仅创造了丰

富的文化产品，而且影响了人们的生活理念。文化产品借助于科技在全世界流通。艺术表演、网络产品、广播电影、电视节目、出版发行、动漫游戏等每一个文化行业从产品的生产开始，到产品的传播、消费，每个环节都与技术密切相关。随着文化产业的不断发展，科技创新在文化产业中的作用变得愈发重要。一方面，基于高新科技平台，网络游戏、动漫、数字娱乐得了高速的发展；另一方面，传统的文化行业如广播电视、出版发行业等借助于科技力量获得了新的竞争力，呈现出新的形态。科学技术的发展将文化产业推向了新的发展领域和发展形态网络化成为文化产业发展的基本趋势。注重科技与文化的融合，发挥技术带动作用是世界文化产业大国的一条重要经验。

四、利用国家力量，拓展国际市场

在世界经济全球化、一体化的趋势下，文化产业的发展业已成为各国的国家战略。文化产业发展强国在发展文化产业时，都提出了国际化战略，充分利用国家力量，积极拓展国际市场。

美国文化产业发展中，政府通过强大的经济实力和文化渗透力，以及美国在国际市场上的话语权，通过政府力量推动美国文化产品和服务的出口贸易。美国政府经常使用的一个手段就是利用国际性的组织作为文化输出的工具。例如，在 WTO 规则中，就设置了诸多有利于美国文化输出的条例。英国政府同样运用政府的强大力量来推动英国创意产业的国际化。英国的三个产业出口指导小组就是为推动国际化战略而专门设置的机构。日本成立了“内容产品海外流通促进机构”，专门负责支持文化产业海外市场的开拓和维权活动。除了政府力量外，一些实力强大的跨国性文化公司也起了巨大的助推作用。在各国政府的大力支持下，跨国公司通过建构世界文化贸易的营销网络，打通文化贸易的国际渠道，使本国的文化产业能够在国际分工和竞争中占据有利地位。

五、人才培养体系完备，用人机制灵活

文化产业是一个交叉型、边缘性的新兴产业，又是一个深度依赖于知识、创意和技术的产业，文化人才必然是文化产业发展的中坚力量。世界文化产业

大国都十分重视对文化产业人才的培养，人才队伍成为文化产业发展过程中的重要支撑体系。

美国对于文化艺术人才和文化产业人才实行“引入和培育”两手抓。美国凭借其雄厚的经济实力和文化环境，从世界各国吸引了大量优秀文化艺术人才。

美国大力发展高等教育，对文化艺术管理和艺术人才的培训一直处于世界领先地位。英国在 1997 年提出了“全国学习网”计划，并在第二年建成了全国性的教育门户网站——全国学习网络（NGFL），连通了所有的学校、教育机构以及博物馆等教育资源。日本人才培养通过学校教育来实现，同时积极与企业结合，培养实用性人才。这些国家对文化艺术与文化产业人才的重视得到了巨大的回报，数量多、素质高的文化产业人才队伍使这些国家在文化产业领域保持了竞争优势，极大地促进了本国文化产业的发展。

综上所述，国外文化产业发展的经验表明，尽管国家文化产业的发展受到市场、技术、人才和文化资源等方面的制约，但政府在推进国家文化产业发展过程中具有独特的作用。世界文化产业大国在政策法律、管理体制、市场运行机制、科学技术、人才培养与流动方面，都形成了一套与本国国情相适应并且行之有效的发展模式，从而极大地推动了本国文化产业的发展。

第八章

我国发达地区文化中介组织管理经验

第一节　武汉市文化中介组织发展中面临的机遇与挑战

武汉市文化中介组织经过30多年的发展，成效颇显，这对促进武汉市文化产业的发展，丰富和提高广大人民群众的物质和精神生活发挥了重要的作用。本书主要从旅行社（旅游中介）、广告代理公司（广告中介）入手，分别对武汉市文化中介组织发展状况、发展中存在的问题作了有意义的探讨。

一、武汉市文化中介组织发展现状分析

（一）旅游中介组织快速蓬勃发展

近些年来，武汉旅游业发展迅速。截至2015年，全省共有A级景区347家，其中3A级以上景区占比81.56%，5A级景区有11家，此外具有7个国家级风景名胜区，10处国家地质公园，18个国家水利风景区，21个国家级自然保护区，37个国家森林公园，3处世界文化遗产，5座国家历史文化名城，19个国家历史文化名镇名村及148个全国重点文物保护单位等高级别旅游资源。武汉城市圈始于2002年“大武汉”集团城市的提出，在2005年上升到国家层面，2007年被国务院正式批准为“资源节约型和环境友好型社会建设综合配套改革试验区”，随后湖北省旅游局提出建设“武汉城市旅游圈”。2008年，湖北省委、省政府组建“鄂西生态文化旅游圈”，

并以成为国内著名、国际知名的旅游目的地为发展目标。由此湖北省确立了“以武汉为龙头，加快建设武汉城市旅游圈和鄂西生态文化旅游圈”的“一城两圈”的旅游发展战略。

近年来，湖北省旅游业发展迅速，旅游总收入由2005年的473.15亿元增加到2015年的4308.76亿元，年均增长率达24.72%。旅游总收入占全省生产总值的比重从2005年的7.26%增长到2015年的14.58%，逐渐成长为湖北省的重要支柱型产业。2015年，国内旅游收入达4206.02亿元，同比增长14.26%，入境旅游收入达167190.01万美元，同比增长34.99%。武汉市2018年旅游情况如表8－1所示。

表8－1　　武汉市2018年旅游统计信息

指标	计量单位	全年	同期对比（%）
海外游客人数	万人次	276.75	10.57
其中：外国人	万人次	223.60	9.80
香港同胞	万人次	24.03	2.36
澳门同胞	万人次	0.11	39.67
台湾同胞	万人次	29.01	25.56
旅游外汇收入	亿美元	18.97	12.09
国内游客人数	亿人次	2.85	10.88
国内旅游收入	亿元	3037.55	12.56
旅游总收入	亿元	3163.11	12.45

资料来源：武汉市文化和旅游局，http：//wlj.wuhan.gov.cn/html/zwgktjsj/20190328/11532.html。

旅行社作为旅游消费的媒介，号称旅游业的龙头，为武汉市旅游业发展作出巨大贡献。目前，武汉市拥有435家旅行社服务公司，占全国1.09%，年销售收入为4831.85百万元，净利润222.80百万元。详细情况如表8－2所示。

表 8－2　　　　　武汉市旅行社服务公司发展现状统计表

指标	单位	数值
资产	百万元	1702. 57
负债	百万元	1275. 89
收入	百万元	4831. 85
利润总额	百万元	227. 95
净利润	百万元	222. 80
纳税额	百万元	284. 19
员工人数	人	6245

资料来源：《武汉市旅行社服务公司研究报告 2018 版》，中国产业网，https：//wk. baidu. com/view/a7a428ba42323968011ca300a6c30c225901f08f。

旅行社作为重要的文化中介组织，在武汉市旅游业发展中具有先导作用。随着旅行社的专业化程度逐年升高，其在了解需求及指导供给、促成旅游交易方面起着重要的作用。旅行社的实力和工作效率在一定程度上决定了武汉市旅游企业顾客的数量；若没有武汉市旅行社，武汉旅游业就可能没有现今的繁荣，旅游企业的产品就难以适应市场变化的需要。

（二）强劲发展态势中的广告（代理）公司

近 30 年里，武汉市的广告业从无到有、从小到大，广告市场也呈现前所未有的繁荣。随着武汉经济的不断发展，作为一个新兴产业的广告业也在不断地发展，但是武汉 2000 多家广告公司，不管是外来的，还是本土的，总地说来，还没有一家真正具有全面整合能力的公司，根本不能同国内发达地区的广告公司竞争。这也说明武汉的广告产业具有很大的发展空间。

进入 21 世纪以来，武汉广告产业突飞猛进，广告经营实体发生结构性变化，广告产业组织结构更加合理，其中大众媒体广告经营单位约占总量的 25%，专业广告公司约占 66%，其他广告经营单位约占 9%。广告经营实体的经济成分已由过去单纯的公有制发展为全民、集体、私营、个体和中外合资等多种经济成分并存，特别是私营经营实体异军突起，占总经营户数的 95%。根据武汉市广告协会的统计，2000 年广告经营单位有 2113 家，广告从业人员达 9875 人，广告营业额达到 5. 5 亿元。近 4 年来，武汉广告业稳步增长（见表 8－3），广告经营单位从 2007 年的 2764 家一跃到 2008 年的 4152 家，2009

年、2010 年分别达到 4220 家、4380 家。广告从业人员从 2007 年的 1.5 万人增长到 2010 年的 6.5 万人，广告产业营业额从 2007 年的 6.6 亿元增长到 2010 年的 25 亿元。

表 8－3　　武汉市广告行业发展状况表

年份	广告经营单位（家）	广告从业人员（人）	年广告营业总额（万元）	广告业与 GDP（亿元）
1979	5	50	50	46.2
1985	92	1123	753	97.32
1991	172	1862	5515	207.95
1992	240	1962	6108	255.42
2000	2113	9875	55000	1206.84
2007	2764	15096	66312	3141
2008	4152	59875	198000	3960
2009	4220	62001	234000	4560
2010	4380	65018	252200	5566

资料来源：根据武汉市广告协会文件资料、武汉统计局资料综合整理制作。

近些年来，武汉市广告产业在广告经营单位数量、广告从业人员数量和年广告营业总额上保持了较好的持续增长态势。目前武汉有 3000 多家广告企业，据武汉工商行政管理局统计，武汉注册资本达 500 万元以上的广告企业总数有 422 户，注册资本达 100 万元以上的广告企业总数有 2437 户①。但也应当看到，武汉广告产业发展水平远远落后于北京、上海、广州、深圳等一线城市，在全国多个省会城市中只处于中游水平，这与武汉应有的经济地位不相称，也极大限制了武汉文化创意产业和其他产业的发展。

二、武汉市文化中介组织存在的问题

（一）市场发育水平不高，自身管理体制落后

武汉市文化中介组织中存在着相当一部分主体资格不合法、非法执业、无

① 《武汉市广告业“十二五”发展规划》，武汉市工商行政管理局，2011－7－26，http//www.whhd.gov.cn/dhb/index.html。

照经营和未经登记核准擅自从事中介业务的现象。一些中介组织自身的行为不规范，内部管理不善，造成大量不正常的人员流动、资金漏洞和低劣的服务质量。在行业结构上，武汉市文化中介组织经营规模普遍偏小、数量偏多、竞争力偏弱，无序竞争严重。

（二）从业人员素质偏低，自律机制不够健全

一部分文化中介组织没有建立起自我约束的自律机制，没有一套行之有效的内控机制，部分人员的职业道德水准较低。相当一部分从事文化中介服务的人员法制观念淡薄，趋利忘义，缺乏长远眼光，片面地把中介机构看成一个赚钱的门路，乱收费，或竞相压价、互抢生意，违规违法现象时有发生。

（三）管理体制不顺，市场监控有待增强

文化中介组织的确认应有严格的组织程序。但目前在登记管理方面，对文化中介组织并没有严格规定，缺乏统一规划和协调，如没有严格的准入门槛，对进入中介行业的有合法资格的经纪人数量没有明确的规定，或者即使有了规定，也不能严格执行。在法律规范方面，目前尚没有相关法律、法规对文化中介组织的性质、职能、经营范围、责任、权利、义务等作出正确的界定。这不仅给政府部门的宏观管理带来困难，而且也给文化中介组织的内部管理造成不便。

（四）旅游业宣传乏力，旅游经营观念落后

武汉旅游宣传经费缺乏，旅游发展基金每年 1000 万元，这不仅仅用于宣传工作，还用于旅游规划，旅游调研和区、县补贴等方面。杭州一年光用于旅游宣传促销的费用就有 4000 多万元，花在旅游业上的总额更是 1 亿元。相比之下，在同等水平城市中，武汉在旅游宣传促销方面的投入差距还很大。旅游经营者观念落后，宣传促销意识不强。在市旅游局组织的一次旅游洽谈会上，浙江参展单位占了近 50%，周边的安徽、山东等地的参展单位占 40%，而本市的参展单位却是寥寥无几。

（五）价值冲突显著，社会认同力不够

社会界对于文化中介组织的法律意识、行业特征、市场作用与社会价值缺乏正确而又全面的认识，现存文化体制尚有不少与文化中介活动对峙、矛盾乃

至冲突的因素，客观上导致了文化中介组织生长空间的局限与现实社会环境的不协调。武汉文化中介组织服务中存在的上述问题，制约了武汉市场文化中介组织的企业化和市场化进程，在一定程度上影响了统一、开放、竞争、有序的社会主义市场经济体制的巩固和完善。解决这些问题的关键是深化文化体制改革，寻找武汉市文化中介组织发展的潜力和空间。

应该看到武汉市文化中介组织发展已进入到一个崭新的历史阶段，21 世纪中国文化产业展现在世界面前的将是一个更为成熟、更加充满希望和活力的形象。政治、经济、法律、文化、制度等因素为文化中介组织奠定了良好的发展基础，有序竞争、良性循环发展的文化中介组织机制正在形成。置身于这一大环境中，武汉的文化中介组织要审时度势，抓住机遇，采取相应的对策措施，从武汉市场内部挖掘潜力，寻找突破口，用好用足外部有利条件，做大做强武汉文化中介组织，走在全省乃至全国的前列。

三、武汉市文化中介组织培育与发展经验

（一）提高市场运作能力和服务的整体水平，建立健全文化中介组织机制

优质服务质量、专业服务态度、商业道德操守，是保障整个文化中介产业持续健康运营的基础与前提。但是国内整体的中介市场和行业发展十分滞后，人才流失严重，社会公信力不足，加上行业自身的自律性和统一认知程度不足，导致整个文化中介行业的运作能力与市场服务水平都较为低下。因此，行业需要围绕以下重点加以整改，才能在公众和市场中建立自身的社会公信力。

文化中介组织，是现代文化经济市场可持续发展的基本动力之一，也是社会主义文化市场体系中的经营主体。因此，建立健全文化中介组织经纪机制是社会主义文化市场由地区市场向全国与国际市场规模发展的必经之路。这大体上包括文化中介服务立法、文化中介组织素质提高、文化中介组织机构、文化中介市场运作、文化中介人才培养、文化中介保证金制度、文化中介统一信息平台等。

为了建构社会主义的文化中介组织中介机制，应在全面、准确地把握武汉市文化市场现状的基础上，不失时机地在一些较为成熟的市场领域培育和引入文化中介组织。在打破垄断、放开搞活的基础上，在美术品市场、娱乐市场、

文艺表演、图书出版、影视音像、旅游、广告等领域加大文化中介组织的开发力度。

武汉市广电系统的影视系统制播分离给文化中介组织提供了广阔的发展空间，在武汉的影视音像视听市场内引入文化中介机构，已经具备了客观的条件。为此，政府的主要职能是在严格控制音像出版机构与影视放映机构的基础上，实行放开一级市场、控制二级市场的管理方针。这一方针同样可以贯彻到图书出版业。长期以来，武汉市图书出版市场一直受非法买卖书号、约稿与销售渠道不畅等问题的困扰。随着中国社会开放程度的加深，一些国外的图书经纪人已经开始抢占中国的图书经纪市场，而国内的书稿策划、图书印刷与销售方面的经纪活动也主要由一般经纪人从事，缺乏专业的中介组织。要采取与影视音像视听市场管理相同的原则，严格控制图书的出版机构，而在书稿策划、版权代理经纪、图书销售等方面全面导入文化中介组织。

（二）完善中介组织机构建设

“文化中介是一种服务性行业，文化中介机构本身即是文化企业。”文化中介组织是参与市场商业运作和竞争的经营主体，有独立法人的身份和特征，充当文化市场和文化经济的沟通者、代理者、服务者。鉴于此，该行业应当明确自身的市场竞争守则和服务义务，加强行业改革，提供优质的服务，为产业的健康和长远发展尽到自己应尽的责任。

现代企业制度是具有中国特色的一种企业制度。“现代企业制度”的重点就在“现代”二字上，换言之，它与传统的国有企业制度，以及改革以来形成的过渡性企业制度有着实质性的不同，它是在现代社会化大生产和市场经济体制下产生的一种企业制度。按照经济学定义，现代企业制度（modern enterprise system）是指“以完善的企业法人制度为基础，以有限责任制度为保证，以公司企业为主要形式，以产权清晰、权责明确、政企分开、管理科学为条件的新型公司制度，其主要内容包括企业的产权制度、企业领导制度、企业组织制度、企业管理制度等规范企业内外部关系的一系列制度”。“产权清晰、权责明确、政企分开、管理科学”十六字方针既是其基本特征的概括，也是一种评判标准和基本要求。文化中介机构的发展规模当前十分迅速，在武汉市政府加快对文化产业的扶持、建设的前提下，文化中介行业的发展也具有较大的前景空间。鉴于此，行业需要根据社会的变化，不断完善自身的内部结构和商业运营模式，包括制订相应的企业文化、企业管理理论、经营制度、服务管理体系等规范制度和内部体系，才能为参与市场竞争、提供专业的服务水平，奠定相应的实力基础。

根据我国的《公司法》《个人独资企业法》的相关规定，武汉市及国内文化中介组织同样需要遵从这些法规内容，并根据自身的产业结构和发展需求，明确和落实公司法人、合作伙伴、股东等的权益和应尽的法律责任。对于具有资金实力的行业而言，应积极争取上市，如此能够获得更多的投资资金。完善企业的资本结构，加强资源的分配和利用效率，为企业的规模拓展和市场占有率，奠定良好的基础，并不断提升市场知名度和竞争优势。文化中介组织机构发展到一定的程度，可以根据自身的需求，采用并购合作的方式，进一步扩大自身的业务规模，实现跨区域、跨行业的发展，从而对提升自身的中介业务发展规模和品牌形象，起极大的推动作用。此外，文化中介组织还需要积极创新技术管理理念，转变传统的企业管理方法和运营思维，加快对文化资源的定位、融合、挖掘和创新，让自身能够为客户提供更好的创意服务，加强产业转型升级，更好地服务于市场和大众。

（三）加快行业协会建设

文化中介机构的行业发展，离不开行业管理协会、保护协会、监管协会的共同参与和管理。党的十三大曾提出：“改革迫使我们尽快培育和发展行业协会，使行业协会的作用真正得到发挥，并承担起政府转移出去的一些职能，行业协会应以服务为宗旨，共同做好自律、协调、监督工作。”文化中介机构的一切市场运作和商业管理工作，既离不开政府的宏观政策的调控，也离不开行业协会的监督管理，这些组织机构和政府部门，都起了促进行业规范发展并走向成熟的重要作用。文化中介行业目前在国内仍处于起步阶段，很多实际的运营和管理工作还十分薄弱，因此，需要行业组织协会来加以指导、约束、推动，以保障其能够在市场经济活动中独立经营、规范合法发展。

虽然近年来，武汉市整体的 GDP 经济水平增长加快，但是文化中介组织的发展存在较大的差异，只增长数量、不改善质量，难以促进该行业在全市甚至全国获得快速的发展优势和竞争优势。因此，对于武汉的地方文化中介组织机构，要加快建立相应的行业监管协会，来督促、纠正相关行业机构实现良好的自律管理，使相关机构的内部运作和管理制度合法化、高效化、稳健化，从而能够为文化市场和文化企业提供更良好的信息服务和业务代理服务。

在现实情况中，行业监管协会应发挥公平、公正、客观的市场监管职能，具体可参考美国、英国的实施方法，这两国的行业协会都具有独立的运营和管理性质，且是与政府的职能机构区分开来的，不受行业的个人、组织及政府的干扰和影响，有权对行业的运营问题提供相应的决策和议题提案。对此，武汉市可根据实际需求，设置相应的行业监督协会和管理部门，主要职责是定期、定时对相关行业机构的行业资格、社会信用、组织体系进行抽查和评价，包括针对企业是否为员工提供业务培训、资金补贴，是否加强内部管理，都进行调查和考核评估，解决个别行业单位不达标的问题。如此一来，可以极大地提升武汉市文化中介行业的市场运作质量和社会服务效率。

（四）发展专业教育，完善资格评审制度，造就一支现代文化经纪人队伍

文化经纪人从事的是一种以精神文化产品交易与服务为主要对象的经营活动，涉及文化艺术的各个层面，综合了市场营销、组织管理、公关交际、政策法律等方面的学科知识与操作实践。在我国，文化经纪人的教育学科的建设与专业的设置较为落后，因此，对于这种紧缺人才的培养应不失时机地加以重视、规划与开发，逐步形成专科培训、本科教育、研究生进修的阶梯式培养模式，造就一支基础扎实、专业性强、结构合理、复合型的文化经纪人队伍。除了在文化经纪人专业教育方面进行师资、教材、教育形式的建设与探索外，还要健全文化经纪人的资格评定系统。当前武汉文化经纪人的资格评定只有一张上海交大文化经纪人培训中心结业后颁发的“文化经纪人资格证书”。应该在此基础上增加文化经纪人的从业资格评定程序，也就是说，将上海文化经纪人的资格评定制度分为两大层面：一是通过专门授权的教育机构提供的文化经纪知识的培训与考核，由政府颁发“武汉文化经纪人资格证书”；二是经过一段文化经纪的工作并取得相应的经纪业绩后，由政府归口管理机关颁发“上海文化经纪人从业证书”。只有具备了这两份资格证书的文化经纪人才可以向市工商局申请注册登记文化中介机构营业执照，获得个人独资文化经纪企业的市场准入资格。

（五）打造文化中介机构品牌

随着全球加快经济一体化，我国与海外各国的文化往来、商业合作越来越多。随着我国加快经济改革，近年有大量的海外文化企业、文化中介行业已开始关注中国市场，并纷纷进入中国参与文化业务合作和项目投资。在这一形势之下，国内文化产业及文化中介组织将迎来更多的商机。鉴于此，国内文化中介组织机构需要根据国内的市场变化，进一步提升自身的品牌和市场服务能力。当前武汉市并没有对该行业加大招商引资力度，对此，需要加快政策与战略投资转变，积极吸引外商和外资企业进行本市，包括将海外先进的智能管理系统、技术平台、优秀管理人才、营销人才引入国内，与本市文化中介市场进行有机融合，调节并提升市场及行业的整体竞争力，加强整个产业在全国及海内外的影响力，这对于武汉市未来的经济发展和财政增收，具有重大的实际意义和帮助作用。

此外，对于武汉本地的文化中介组织机构而言，需要不断加强自身内部资源结构的调整和优化，包括：合理设置职能岗位、科学分配企业资源，加快对信息化管理的建设和管理效率，进一步打造自身的企业品牌、文化管理理念，建立良好的信息沟通和管理机制，等等。只有加快与国际文化进行品牌接轨，提升信息管理能力和技术服务水平，培育更多的企业管理人才、技术人才、营销服务人才，才能够应对和迎接即将到来的国际挑战，让行业更好地融入到主流市场和国际文化潮流当中，这对整个中国的文化中介服务行业的品牌发展和国际影响力提升，将起极大的推动作用。

第二节　东莞市文化中介组织发展现状及培育经验

近年以来，东莞市政府为进一步创建文明城市，积极联合各区街道办事处，开展丰富和多样化的文艺活动，以提升全市文化活动氛围和文化经济产业的发展。该市的文化中介组织也迎来了更良好的市场发展空间。党的十八大以来，东莞文化产业保持良好发展态势。据统计，东莞市文化及相关产业增加值从 2012 年的 219.6 亿元增加到 2016 年的 335.47 亿元，占 GDP 的比重从 4.38% 提高到 4.9%，文化产业增加值仅次于深圳、广州，跃居全省第三位。

一、东莞市文化中介发展现状

据统计（见表8－4），东莞规模以上文化及相关产业法人单位数从2012年的424家增加到2016年的682家，大幅增长60%，从业人员超过30万人，资产总计790.3亿元，营业收入超千亿元。其中，规模以上文化制造业企业从2012年的385家增加到2016年的533家，增长38.4%；规模以上文化批发和零售业企业从17家增加到42家，增长147.1%；规模以上文化服务业企业从22家增加到107家，增长385.4%。

表8－4　2012年和2016年东莞文化产业发展数据

时间	规模以上文化及相关产业法人单位（家）	规模以上文化制造业企业（家）	规模以上文化批发和零售业企业（家）	规模以上文化服务业企业（家）
2012年	424	385	17	22
2016年	682	533	42	107
增长率（%）	60	38.4	147.1	385.4

资料来源：《党的十八大以来东莞市文化产业发展统计数据（2017）》，东莞市统计局，http：//news.sun0769.com/DG/headnews/201710/t20171021_ 7614160.shtml。

近几年，东莞市文化企业遍地开花，涉足行业愈加多样化，从行业分布来看，2016年规模以上文化企业广泛分布在60个国民经济行业小类里。近年来，东莞文化产业结构不断优化。2016年，内资企业占规模以上文化企业的48.4%，港澳台商投资企业占39.4%，外商投资企业占12.2%。随着经济社会发展，文化消费成为新兴消费热点，人民群众精神生活更加丰富。

2016年，东莞艺术表演团体20个，市内演出观众达113万人次，演出收入1895万元；博物馆49个，藏品15万余件，参观人次超千万；注册放映单位96个，放映104万场次，票房收入6亿元；各类文化娱乐机构主营收入50.6亿元；全年制作广播电视节目超过1.6万小时；发行报纸杂志7957万余份，比2012年增加1000多万份。

就实际情况而言，对比文化产业的快速发展和市场发展前景，东莞文化组织机构还面临着发展瓶颈和自身问题。

（一）东莞市文化中介机构发展情况

根据2015年的最新数据调查，东莞文化产业的增加值占全市GDP的10%左右，文化中介组织占整个文化产业的40%；至2016年，全市与文化相关的产业及中介组织共创造335.47亿元的增加值，较2015年有4.9%的增长。东莞文化产业增加值居广东省第三位；仅次于深圳、广州。从东莞文化中介组织的类型来看，主要分为两种：一是由政府投资创办，具有行政事业单位性质的服务机构；二是民营企业、外资、私人、独立法人等创办的文化中介组织。例如，当前东莞的长安、虎门两个镇，分布大量由事业单位组织的中介文化服务机构，其余的是民间组织和个体组织。以上的两个镇，由政府出资的文化服务中介组织的占比量，分别是80%和91.7%。另外，厚街、常平两个镇，由一些民间组织和个人法人所创办的中介服务机构，其数量是全市最多的，其次才是政府组织的事业单位性质的机构。整体而言，东莞由个人和民间创办的组织规模较事业单位属性的组织规模仍然偏小。石龙镇、石排镇、茶山镇、企石镇、桥头镇、东坑镇各镇文化服务组织的性质主要是企业类，但法人和行政属性的机构占比较一致。

（二）技术及信息化情况

东莞市政府及各行政单位十分注重对文化中介组织的推广建设，并注重技术化和信息化管理。当前的大多中介服务机构，都采用信息化管理手段，但整体的信息化建设水平仍较低，例如ERP管理系统（企业资源计划管理系统）仍未全面建立，并仅限于行政类服务机构。

目前东莞市各行业机构单位仍需进一步加强CRM系统（客户关系管理系统）的引进和建设。包括对客户资源及信息进行归类、整合、分析，以提升市场及客户的满意度，为后期的产业发展奠定良好的竞争发展条件。但就现实情况来看，除了事业单位实现了信息化管理，大多机构的系统建设和技术支撑仍然存在缺陷。

（三）文化中介从业人员结构

通过对东莞市的345家文化中介服务机构的调查，目前共有52882名员工，其中年龄在30岁以下的占比高达70%以上。说明东莞相关的工作人员偏向年轻化，有利于促进该市文化产业和文化中介服务组织的快速发展，带来鲜活的市场动力和活力。

东莞市文化中介服务组织当中，拥有大学文化水平的比例也较高，为68.9%；初中、高中文化水平的从业人员共占31.1%。高学历从业人员，在事业行政单位及企业的比例也较高；初中和高中水平的从业人员，多分散在个体及民营机构当中。这些数据充分说明，文化中介和文化服务的水平能够达到全市的改革要求并促进文化产业的稳定发展。

二、东莞市文化中介发展存在的问题

现实情况中，基于国内相关行业政策的不完善，东莞中介组织在市场经济环境中仍面临较大的问题和瓶颈。当前，东莞市文化中介组织的发展问题是源自于多个方面的，包括政策、外部环境、对手竞争等原因的影响，并存在市场监管体制不完善、行业自身管理困难、人为因素与市场因素影响等。

（一）对文化中介市场认识不足和专业人才缺乏

东莞市具有专业管理能力、综合素质能力的人才较少，大多从业人员仅负责简单的文化接洽、产品推广、服务咨询。但是，现实中具有市场管理经验和战略规划能力的复合型人才严重稀缺，从数据来看，全市人员仅为45.5%，这一比率显然不足以满足行业的发展，更无法满足市场的业务管理和服务需求。因此，如何吸引优秀人才和文化管理人才，已成为行业急需解决的重点问题。

在现实中，大多消费者和市场客户对于中介文化组织的认知仍然较为片面，偏向直接与文化产业机构进行业务合作交易，认为这样可以节约成本，且能够更好地获取自己需求的资源产品。实际上，这是一种错误和笼统的认知，无论是直接交易还是间接交易，都需要交付一定的成本，文化中介组织及文化经纪人的存在可以帮助客户寻找更有价值的文化合作机构，并提供更稳定的产品供应渠道，实现更好的资源分析。因此，时间、成本、效率等方面对于客户而言才是具有实用价值的。然而，受以上思想观念和认知的限制，东莞市当前没有专业的文化经纪人和服务机构，大多行业的运营模式和服务形式也较为简单，且存在同质化现象，从而使行业的发展及服务特点不突出。能够促进行业发展的高端人才也比较紧缺，包括懂得法律、市场经济学、营销学、外语沟通、文化接洽的相关人才不足，对这些人才的重视程度也不够，因此在很大程度上，制约了东莞中介市场进一步发展。

此外，各学校机构虽然重视经济类管理、文化旅游和人力资源管理等课题和教学，但是针对文化市场的研究和学科教育，目前还不够全面深入，且缺少系统化、专业化、标准化的系统研究和教学规划。现实中，政府相关的培养机制、政策条例缺乏，相关的办学培训机构数量不足，从而导致文化中介组织需求的管理型人才和高素养人才稀少，后备力量和人才资源支撑不足。以上种种原因给全市的文化中介组织行业的有序发展带来了极大的不便和约束。

（二）对文化中介市场政策支持不足

文化中介行业属于一种新兴行业，当前在国内的发展基础仍然较为薄弱，包括业务发展模式、服务模式、技术和信息化管理仍处于探索和新阶段，因此行业的发展需要得到更多的支持和积极推动。而政策作为行业发展和商业环境保障的调控内容，需要对这一新兴行业提供更多的鼓励和保障支持。然而从当前情况来看，东莞市政府虽然积极鼓励文化的兴办，但大多将重点放在文化产业的扶持及行政事业属性的文化中介机构方面。虽然出台了《东莞市文化产业发展“十三五”规划》《关于加快文化产业发展的若干意见》等政策条例，但这些都是基于文化产业提出的，而对于文化中介组织的相关政策较少，难以促进文化中介行业的快速发展。究其原因，主要也和国家在这方面的政策与法律相对较少有关，即使有相关的政策及规定，操作性和针对性也不强，且对该行业并没作出明确的界定。

自 2001 年我国加入 WTO 组织以来，大量的海外企业看中了中国的商机，从而越来越多的海外企业开始进入中国投资，其中不乏大量的外资文化中介服务企业和组织机构进驻。但是，东莞市仍然有较大的市场空白，整体表现为：政府对海外引资的重视程度不足，缺少长远的战略规划眼光，对产定组织的规划部署注重区域发展，缺少引进外资文化、高新技术、专业人才的创新意识和科学规划。因此，从目前阶段政府的管理情况来看，东莞市的文化中介组织在加快市场连接、实现业务开放、产业规模增长方面，还有较大的距离，政府需加强这方面的政策改善。

从国家政策方面来看，虽然文化产业所创造的文化经济利益已使其在国内占据了重要的经济地位，并使文化中介组织这一新生行业得以兴起；但是1995年，我国出台的《文化法》对文化中介的入门、经营、活动工作的说明仍然不够全面，不适应当前国内行业的市场发展。此外，《合同法》和《民法通则》虽然对于代理类、中介类等行业也有相关规定，但同样不够明确和具体化，从而使我国文化中介面临市场监管不清晰、行业的法制保障不够明确、法制化和规范化发展不够等问题。1985年，国务院出台的《关于坚决制止就地转手倒卖活动的通知》，开始严管经纪人以中间人的身份获取中间费，削弱了代理服务机构的市场竞争优势，仅允许收取一定的业务费和服务咨询费，这对文化中介组织行业造成了制约。直到1995年，国家工商行政管理局颁布了《经纪人管理办法》，这虽然明确了“经纪人”角色、定位、法定权限，但是当前东莞市仍没有相应的经纪人保障机制，没有能够规范促进文化中介组织发展的立法。

综上所述，文化中介组织机构有独立的运营活动性质，作为负责经济与文化推动的经理人、代理机构，也有一定的行业特殊性。相比于国内其他行业，目前我国对于该行业仍缺乏严密的法律法规，因此这是导致东莞市该行业整体发展情况与国家存在较大差异的原因。

（三）文化中介市场秩序有待进一步规范

外国虽然没有像中国一样有悠久的历史文化背景，但文化产业在国外备受推崇和尊重。据统计，平均每10个外国人就有一个文化爱好者，尤其是美国对文化的注重十分值得借鉴，平均1个州就建有1个大型中心图书馆，并在周边各区分布着其他图书馆、图书借阅室、服务中心等。整体来看，海外国家对文化产业的文化服务模式的重视速度和建设力度也较强。在国内，文化中介组织仍然游离于主流商业圈之外，其一在于相关政策未完善，其二在于人们对其概念和运营性质的认知不全面。另外，也和分工不明、信息化管理偏低、专业管理人才较少、现有从业人员综合素质低下等原因有关，从而导致该行业在市场商业环境中，面临合法利益难以获得保障、市场竞争力低下、行业发展力受阻等各种各样的现实问题。

从东莞市当前的法律、市场监管形式来看，还存在很多需要改进和优化的地方，包括针对文化中介组织的监管部门、行业协会组织较少等。而行业自身也存在很多问题，主要表现为：偏重收费服务、轻技术管理、内部组织人员设置不合理、专业经纪人和管理营销人才紧缺。基于这种内外因素，行业的发展秩序存在错乱、无序的问题，且一些中介机构开始钻法律的漏洞，因个人利益和私欲从而存在违法经营、滥收费、垄断经营等不良商业行为，这对于真正想为民服务和促进行业发展的机构和工作人员，造成了极大的利益损失，同时也损失了市场和消费者的合法权益。

（四）中介机构市场准入制度不完善

东莞市文化产业能够有序的发展，但作为中间商和代理机构的文化中介组织，却缺少良性的市场运作条件和政策保障机制。当前全市的中介机构的规模、数量虽然每年都在增加，但其运营模式和服务形式仍存在较大的差异和不统一，且一些行业是因其中的商机而加入，市场目前缺少相应的政策标准和入门限制，因此使整个行业运作处于散乱和不协调的状态。具体表现为以下几方面。

1. 缺少严格的准入监管政策

当前东莞市商业入门门槛限制较宽，大多数人看准了文化中介的未来潜力而入行，大多机构盲目扩张运营，政府没有采取严格的入门认证审查和监管措施，且从业人员的技能、专业水平、业务素质等都没有严格的审核和资格认证，甚至一些没有行业经验的人都进入该行业，因此，这都容易对东莞文化中介组织的市场发展及服务造成较不良的影响。

2. 文化中介的定位与服务水平参差不齐

基于政策及历史问题，大部分事业机关单位的人员进入该行业，从事与本职工作和职能范畴不同的文化中介业务和服务工作，且这些人员大多是一些将要退离休的人员，没有本行业相关工作经验和中介服务技能，很难为行业发展提供较好的推动。人们及市场对文化中介组织的定位与认知都存在较大的差异，行业自身也对业务规划存在较大的错误和不清晰，从而导致自身到底是文化销售商家、代理商家还是单纯的咨询服务商家这些概念和实际运营，都存在较大的混乱和错位，并使内部部门的设置和职能分配陷于瓶颈，对自身的业务运营和市场服务也构成了阻碍。

3. 缺乏标准的商业运作模式和行业规范体系

能够使文化中介组织得以在市场中兴起和发展，离不开社会对文化的需求和文化行业的快速发展。然而，东莞市文化中介行业在获得市场发展先机之时，仍难以突破“中间商”的既定模式和传统认知，现实中大多行业偏离了为民服务、保障合作方利益、树立行业信誉品牌的正确轨道，过于注重赚取中间费和实现个人利益，不顾法律和商业的道德约束，没有建立内部管理系统，未发挥智能化办公作用，不注重对客户关系的维护和需求供应，没有关注文化服务的概念核心并实施专业的操作，从而使该行业目前仍然存在较大的运作不统一、不科学、不规范等问题。长此以往，将会给文化中介组织的长远发展造成不良影响。

三、东莞市文化中介组织培育经验

（一）树立起正确的市场经营理念

进一步加快对文化中介机构实施统一和标准的市场运营标准和规则，促进行业正确运作，树立正确的市场运营管理理念，提升行业从业人员的道德素质，加强行业的资质认证和入门限定，包括完善行业的组织结构，不仅要加强部门岗位的科学设置，还要合理分配岗位，将相应的人员分配到适当的职能岗位当中去。要加强企业内部的培训管理。对相关从业人员、咨询服务人员、营销工作人员制订相应的从业规定和标准体系，加强对相关内部人员的知识与业务培训，使各个部门的工作人员能够在为客户提供服务之时，掌握专业的知识和文化服务理念，了解市场的经济和政策等相关知识，熟悉相关法律和业务谈判技巧，促进业务的成单量。文化中介组织要取得健康和快速的发展，离不开内部部门及集体员工的支持，因此，加强内部资源的治理和科学分配，有利于文化中介组织诚信、规范、合理发展。

对于不诚信的行业机构及企业内部部门、个别工作人员，应出台相应的法律政策和内部责任追究机制，以保障行业能够井然有序地发展。当出现问题时，有法可依、有责任可追究，落实相关的政策机制和内部管理条例，从而避免坑蒙拐骗不法行为的出现，防止给东莞市整个文化中介和行业带来不良的社会影响和信誉破坏。还要加强对产业文化的宣传，让更多的公众和消费者了解行业的概念、内涵、业务及服务等相关的知识，赢得政府及社会大众的支持，并推动行业的经济与绩效增长，为日后的发展空间奠定良好的基础。

（二）加快文化中介服务立法

文化中介服务立法是法制建设的重要组成部分。要根据现阶段市场中介组织的实际情况，逐步制定系统的、配套的法律法规体系，将文化中介的发展纳入法制化轨道，改变当前无法可依和无章可循的混乱局面。通过立法的形式确定各种文化中介组织的性质、职能、任务、权力、责任、义务、运营宗旨、服务内容、经营形式、组织形式等，使文化中介组织的日常活动有法可依、有章可循，形成一整套自我约束、自我管理的内在机制，推动中介服务活动有条不紊地进行。要研究建立中介组织的日常监管机制，对违法违规经营行为严厉查处。整顿和规范各类中介机构，加强行业自律，促进中介组织间的正当竞争，优胜劣汰。通过职业范围的分级管理、评定信誉等级等手段扶优抑劣，提高中介组织的整体服务水平。

（三）提高文化中介组织从业人员的综合素质

提高从业人员的素质是加强文化中介组织建设的基础。首先要把好文化中介组织从业人员的准入关，加强现有在职人员的教育，不断更新知识，提高业务能力。要采取“送出去”“请进来”的办法，为中介组织提供研讨、培训等多种学习交流的机会，拓展视野和知识面。当前，可以适当在相关的院校开设中介服务管理专业或培训班，培养文化中介服务人才，以保证文化中介组织有充足的后备新生力量。其次要严格市场中介组织的资格认定，改革现行由业务主管部门（工商、文化部门）认定文化中介组织资格的制度，实行统一归口的文化中介组织资格认定制度，凡不具备条件，未经资格认定和依法登记的文化中介组织，一律不得从事任何中介活动。要通过必要的立法程序，对文化中介组织的从业人员既要提出一般的、共性的规范和要求（如职业道德方面的要求），也要根据不同机构、不同专业的特殊情况提出不同的考核标准和培训目标。尤其是对那些运用专门知识为社会提供服务的文化中介组织及其从业人员进行严格的考核和执业资格的审查，保证从业人员的水平和质量。为避免文化中介组织一定程度上存在的短期行为，应适时引进文化中介从业人员保证金制度。按照文化中介从业人员（经纪人）必须以自己的名义从事文化中介活动的原则，使文化经纪人承担必要的义务与责任，尤其是文化经纪活动中所产生的法律权益与法律后果。即使是个人独资的文化中介组织也要在指定银行存入一定额度的资金，作为开业的基本条件之一。

（四）提高文化中介组织市场运作能力

在文化中介组织的领导者（企业家）方面，应尽快转变观念，从自身的观念创新开始，建立正确的市场经营理念；努力完善自身的知识结构，提高综合素质。具体说就是要掌握较完整的市场经济的知识，要了解市场运行的规律规则，要学会谈判，要善于组织管理内部的人力资源；等等。企业家要学会战略思考，提高推进企业发展的战略协调的能力。“战略协调在任何一个地方都会派上用场。战略协调是将企业战略与企业终极目标、企业战略、企业短期目标联系在一起的一个过程。”此外，企业家还必须尽快提高自己的公关能力。在文化中介组织结构方面，对内构建合理的企业人员和组织结构；对外建立战略联盟，在市场中主动地寻找市场经营上的协作伙伴，或采取嫁接的方式，把自己的产业链与相关企业（专业代理公司、销售公司）相衔接。在构建过程中，要注意设计好运行机制，制定出合理的利益分享制度，建立科学完善的监控机制。

（五）建立行业自律管理网络

社会主义市场经济的一个基本特征是政府宏观调控与市场供需机制制约相统一。这就使社会主义市场经济管理上形成了由国家、行业与企业构成的三级管理网络。我们认为，随着东莞市文化事业体制改革与文化市场开放进一步深入，政府应该在一些较为成熟的文化市场领域，有计划地积极扶持专业中介市场的行业协会（如东莞市旅游会、东莞市文联），为建构东莞市文化中介组织的行业自律管理机制提供条件，最终形成政府、行业与企业的三级文化经纪市场管理网络。所形成的有效的行业自律组织，通过制订协会章程与入会准则，吸纳会员，能够填补文化市场管理的“真空地带”，承担起文化市场的部分管理职能。建立文化中介的行业协会，是东莞市文化市场客观发展的需要，也是东莞市文化中介的内心呼声。作为社会主义文化中介体制的组成部分，文化中介行业协会的建设将会在政府与中介企业之间构筑起一个市场管理的中介层面，从而使东莞市文化中介市场形成一种有序、互动的结构化管理网络系统。

（六）加快文化中介组织发展平台的建设

为消除东莞市文化产业中介组织小、散、乱的弊端，当务之急是发展规模经营，通过发挥集聚效应迅速提高整体竞争实力。建议政府以建立网站的方式为东莞市文化中介组织的发展建立一个可操作平台，依靠这个平台，文化中介组织可以资源共享、互通有无、扩大影响。对需求方来说，可以通过对平台的简单浏览，方便快捷地搜寻到中意的中介组织，货比三家，择优而取，提高成交率和满意度。

第九章

欠发达地区文化中介组织发展和培育对策

第一节　欠发达地区文化中介组织发展存在的主要问题

文化产业的发展除了政府在政策、法规、资金投入等方面建立有效的机制体制，企业作为市场主体高效运作外，更离不开文化产业中介组织的沟通、协调。近年来，随着我国文化产业的发展壮大，文化产业的中介组织也有了不同程度的发展。但是，从当前欠发达地区的文化产业发展来看，一方面是面临文化产品的结构性短缺，另一方面是一些有潜力的文化产品，因为缺乏成熟的中介，难以打入文化市场。

一、规模小、发展不平衡

目前我国欠发达地区文化产业的发展还缺乏强有力的中介组织的介入和支持。江西省统一的文化产业中介组织系统和管理网络还没有建立，中介组织的运作基本上还处于零散的摸索阶段。

二、体制不顺，政府管理机构职能交叉

文化产业中介组织的行业管理体制不顺，很多文化产业中介组织大多管理、经营不分。政府对文化产业中介组织的管理机构不明确，管理部门职能交叉，文化产业中介组织的沟通作用不能有效发挥。

三、政府扶持不够，市场环境培育不足

欠发达地区文化产业中介组织发展处于稚嫩期，它的发展缺乏政府的引导和扶持。很多文化中介组织是官办组织，影响中介组织的独立性、客观性和公正性。一些地方的行政主管部门存在地方保护主义，人为地造成中介市场的垄断，妨碍了公平竞争秩序的形成。

四、从业人员素质低、人才匮缺

欠发达地区文化产业中介组织从业人员的培训及资格认证制度不健全，很多未经过专门培训，有高学历、专业知识的从业人员很少。对高层次文化中介人才吸引力不足，导致目前中介人才的总量、结构和素质难以适应文化产业发展的需要。

五、缺乏行业规范和自律，职业道德缺失

文化产业中介组织内部没有建立自我约束机制，职业道德、行业自律缺失。部分中介组织为了生存采取压低佣金等违规行为，从而破坏文化中介市场的规范化运作。

六、法律、法规不健全，监控不力

文化产业中介组织的性质、职能、作用等缺乏明确的法律规定。还有一些重要的领域仍然属于空白。各省区市没有建立对文化中介组织的监督管理机构，导致对违规、不道德行为不能进行有效的管制和处罚。

第二节　促进欠发达地区文化中介组织发展的基本路径

一、完善从业标准，提高从业人员综合水平

从业人员的道德素养、专业水平是一个行业竞争的最核心部分，美国文化产业的发展与其拥有一批高素养的文化专业人才是离不开的。我国目前也逐步

重视对文化创意人才的培养，但是文化产业细分行业的人才培养被严重忽视。想要文化产业得到全面发展，对文化中介组织人才的培养是非常重要的。

（一）提高文化中介从业人员道德水准

首先，道德需要法律约束，所以想要提高文化中介从业人员的道德水平，就需要出台相应的法律法规对其行为进行约束。文化中介人员一般是根据中介合同来履行义务和承担责任的，由于中介人员一般不会成为法律责任的主体，所以承担的风险小。但现实情况下，并不是从业人员在任何时候都不会成为法律责任的主体。文化中介从业人员获取委托人的高度信赖主要是因为其拥有专业的技能，能够为委托人提供可靠的意见。正因为如此，中介人员如果从中作梗就会导致委托人利益损害，文化中介人员需要对其工作的责任及义务有一个明确的认知，例如一些行业规则、保密行为等。其次，道德需要日常建设。人的道德观念并不是与生俱来的，而是后天培养的，所以不断加强文化中介从业人员的法律法规和职业道德意识非常有必要。可以通过两个方面来加强文化中介从业人员的道德观念：第一，政府部门在推进文化中介组织从业人员道德建设时，可以发挥政府部门在培训上的优势，为文化中介组织从业人员树立良好形象，并做好宣传工作。第二，企业内部应该建立相应的道德管理制度，针对违反道德的从业人员给予相应的惩罚。在文化中介市场上，主要获取的是信息不对称带来的利润，这就存在着不公平报价行为，不仅损害了客户的利益，也扰乱了整个文化中介市场。从对中介从业人员的访谈中可知，由于行业基本工资偏低，中介人员一般会利用手上的资源获取更高的利益，公司没有明确规定这种行为所付出的代价，所以大部分人都愿意尝试。因此企业建立一个完善的考核制度非常有必要。例如私下将手上的资源卖给竞争对手，经查实应该给予处罚甚至开除，就会大大提高从业人员扰乱市场秩序的成本，对其起到约束作用。

（二）强化文化中介从业人员专业水平

文化中介组织的客户群体越来越庞大，其终端客户的素质也在不断提高，这就要求文化中介组织的从业人员具备同等的专业素养和专业的知识能力结构。不仅需要有跨专业的服务能力，还要具备相对较高的素质，这是满足文化中介组织进一步发展的基本要素之一。因此，必须建立和完善从业人员的考核机制，创造有利于人才脱颖而出的人文环境和政策法律环境。要与从业人员做好用人机制的沟通，包括劳动合同的签订、五险一金的保障措施以及其他相关奖惩措施。培养文化中介组织从业人员的综合能力，应该从他们的专业素养角度出发。中国加入 WTO 后，不仅是经济方面与国际接轨，文化方面也不断深入地与国际接轨，这就使文化中介服务行业的相关工作者所拥有的专业知识缺乏，需要在金融、法律等方面进行专业培养，让相关从业者进行全国性的资格类考试，并进行后续的培训与审核，以此来提高相关工作者的专业素养，提升服务质量。要引进人才，利用政府或行业提供的一些优质待遇将有实力的优秀人才吸引到行业里来，提升整个文化中介机构的实力，增强文化中介的服务水平。国外在培养文化中介机构相关工作者综合能力方面具有专业的管理模式，江西省可以借鉴国外相关制度。比如在组织员工参加业内从业资格考试方面，可以按学历和学位的层次选拔一批从业者，然后再根据这些从业者在日常工作中的服务内容及服务表现来确定最后参加从业资格考试的员工，并根据考试成绩来确定执业资格。在取得执业资格之后，还要对从业者日后的工作表现进行考核，从严要求。同时，为了保证相关人才能够合理流动，欠发达地区的文化中介机构还要随时考虑到国家人事体制及行业体制等相关因素，做好承接和铺垫工作。

（三）完善文化中介从业人员流动机制

能留住优秀人才，吸纳新鲜血液的行业才具有发展前景，然而一般能吸引人才的行业都会具备一些特点，例如行业前景好、薪资报酬高、工作强度适中等。然而欠发达地区文化中介组织的发展还较为落后，调查问卷结果显示，56.52%的从业人员认为薪资水平偏低，17.39%的从业人员认为非常低；60%的从业人员认为工作强度较大。所以要留住人才必须着力发展行业突出优势，以行业魅力来吸纳人才，留住人才。

首先，提高行业认知度。根据对应届毕业生的抽样调查，发现 80%的人都没有去文化中介从业的意愿。主要是因为大家对行业的了解比较少，认可度不高。仅有一些艺术专业、新闻专业的人对文化中介比较了解，但普遍认为工资水平较低，他们更愿意跨专业找工作。所以想要吸纳人才首要任务就是提高文化中介的知名度、认可度。可在相关招聘网站上挂出企业相关简介以及人才需求等，或者参加校园招聘活动，校园招聘是扩大企业知名度的重要因素，也是吸引人才的重要手段。其次，提高行业整体待遇。工作人员薪资水平很大一部分是由企业的盈利水平决定的，在文化中介这个大行业内，不同岗位的从业人员薪资水平差距较大。根据访谈可知，一般行政人事岗位的薪资水平较低，面向市场对接业务的工资会相对较高，但是存在收入不稳定的情况。所以制定行业薪资标准也有利于从业人员的稳定。

二、综合资源优势，拓宽文化中介规模平台

（一）促进文化中介资源的重组与优化

首先，鼓励欠发达地区文化中介组织将文化资源进行优化和重组。目前部分欠发达省区的各类文化中介组织遍布在各个文化产业之间，起着不同的作用，虽然目前有了一定的发展但长期下去很难做大做强，所以整合各类文化中介组织的职能，将文化中介组织打造成一个全能型的组织，从企业内部来说，就需要将各职能部门进行合并，包括行政、人事、财务等。将职能部门与业务部门相分离，职能部门主要对文化信息进行分析整理，并根据收集的信息来分析市场的需求与特点。而业务部门就是拓展公司业务，将企业做强做大。

其次，制定企业发展战略和管理制度。需要站在整个行业的高度，结合公司的具体情况来制定公司未来的重点发展方向，然后通过制定良好的管理制度来实现公司的高效运转。由于江西省文化中介组织在整体规划上并没有什么经验，所以需要向其他发展较为成熟的中介组织借鉴，不断完善文化中介组织的管理制度、经营策略、发展规模等。只有这些基本的功能完善了，才能对欠发达地区的文化资源进行整合优化，同时培养了企业的核心竞争力。

（二）拓宽文化中介活动的规模及平台

要拓宽文化中介活动平台就需要从文化中介组织自身出发。首先，需要将演艺经纪、文化艺术品经纪、书画中介、文化产权交易机构、文化贸易代理等中介机构整合起来，形成规模效应，替换目前市场上各种小规模的文化中介单一作战模式。比如在全省建成一些具有规模、结构合理、知名度高并且服务品种齐全的文化中介组织，政府与市场共同努力打造文化中介组织的产业园区，为文化艺术品经纪公司、书画中介、文化咨询公司、文化贸易代理公司等文化

中介组织搭建一个平台，适当给予产业园区内的企业政策扶持或者税收补贴等，主要目的就是加快文化中介组织的规模化、产业化发展。其次，可以打造一个属于本地区的文化中介组织的综合交易所，为其同行兼并、扩大经营规模等提供一个平台，为这些组织创造更多便利，比如获取信息的通道更加流畅，人才交流更加频繁，另外还可以减少管理及其他经营成本，获取规模效应。通过各种鼓励政策引导一些文化产业战略投资者将众多小型企业进行整合，创造区域内文化中介龙头企业。同时利用中介组织规模网络平台整合网络文化资源，使交易平台集评估、鉴定、宣传、推介、咨询等功能为一体，实现资源共享。

最后，可以利用媒体平台开辟文化推广和文化中介活动专栏，推动打造知名文化中介学术平台，具有权威性、实用性、学术性、引导性等特点，拓宽文化中介组织交易范围以及服务品种。随着本地文化中介组织规模的逐渐扩张、服务品质不断增加，可以将视野投放到全国，乃至国际文化市场上，利用自身优势，吸引外来资本进入江西省的文化市场，做大做强文化中介交易平台。鼓励具有实力的文化中介组织在外地设立相关分支机构，既可以起到宣传推广本地文化中介组织的作用，又可以吸引外地文化产品进入当地的文化中介交易平台。营销网络可先从周边省份试点，再逐步拓展到其他文化产业较为发达的省份，借鉴其文化中介的发展经验。

（三）鼓励文化中介组织参与投融资活动

随着我国金融市场的逐渐成熟，各行各业都在与金融行业接轨，采用供应链金融的方式，可以为企业融得更多资金去拓展业务，有助于企业的快速扩张。由于是供应链金融，企业需要承担的风险也会较小。所以要使欠发达地区文化产业与金融行业接轨，就需要发挥文化中介组织的催化剂作用。对于文化产业而言，目前在金融市场上面对的最大难题就是文化产品和文化企业的估值问题。所以需要专业的机构对文化企业以及文化产品进行量化估值，为文化企业营造标准化的投融资环境。大部分欠发达地区在文化产品的展览及展会方面比较落后，没有专门的文化中介组织去支撑，只能依靠各地方政府部门举办少量文化艺术品博览会。一般企业对于投资文化产业的兴趣非常低，所以在文化市场上引入竞争机制，并接纳各行各业进入，进行投资活动。文化产品资产化将会对文化产品二级市场产生重要的影响，其被视为继股票、房地产后的第三大投资产品。现在急需解决的问题就是如何推动文化产品资产化，让文化资源作为可转化的资本参与到文化产业发展中来。这也是目前文化产业研究较为热门的话题，其实最根本的就是要将文化资源转化为资本的路径研究透彻。文化资源资产化，就是让文化企业直接面对资本市场，这个时候就需要相关专业化文化中介介入金融市场，为这些企业提供相关信息咨询，使行业发展更加协调，减少文化产品资产化的障碍。

三、健全法律法规，为文化中介提供法律支撑

文化中介组织规模不断扩大，从事的业务范围也越来越广，随之而来的行业规范以及法律约束的问题就出现了。因此，建立起文化中介法律法规体系，是进一步加快欠发达地区文化中介组织发展的当务之急。最重要的就是界定文化主体以及文化中介组织行为的相关法律法规。具体而言，本书建议从以下几点出发。

（一）完善文化中介主体的法律地位

无论什么企业，其在法律地位上的独立和自主是它在市场上发展的基本需求，没有独立的法律身份，就无法承担相应的责任，永远只能依靠政府或其他部门的管理。只有独立的身份才会拥有更多的机会去获取市场上的文化资源以及资金，所以当下必须通过法律来明确文化中介组织独立的法律主体地位，让文化中介组织实现独立运行和自主管理，充分发挥市场功能。

目前，很多文化中介都是由政府直接控股，拥有政府这个资源对于文化中介组织必然会带来很多优势，但是政府控股之后文化中介组织的性质就不一样了，在带来资源优势的同时也会很大程度上限制文化中介这个行业的发展，很大的程度上文化中介组织只是政府众多部门之一。所以，在文化中介的企业性质上，应该鼓励政府参股，企业自行控股，依赖政府资源的同时充分发挥自身的职能，在政府的扶持之下，必然会带动文化中介组织整个行业的兴起。

（二）完善文化中介行为制度内容

目前文化市场上的中介行为种类并不齐全，例如为文化企业提供融资租赁、资产证券化以及将文化资产打包发债等金融服务还是非常少见的。另外针

对很多文化创业中介、金融租赁中介等也要根据具体情况规定其行为。

对文化中介组织进行种类界定，并对不同种类的文化中介组织的行为进行确定，包括文化中介代理、文化中介经济、文化咨询、文化投资、文化旅游等。还需要根据行为主体的不同对行为主体的权利以及法律责任进行确定。每一个类型的文化中介组织所从事的中介行为类型差距很大，需要针对不同类型的文化中介行为建立不同的权利义务体系。规范这些文化中介组织的日常服务行为流程，会对其业务起非常大的作用。在文化服务领域中，发展相对成熟的应该属于文化咨询中介，在一定程度上已经形成了国家法律和地方性法规相结合的法规体系。文化中介的技术咨询服务行为，主要是利用自己的知识、技术、信息和经验，就特定的技术、经济项目，为委托方提供可行性论证、专题技术调查、分析评价、技术预测等咨询报告。

文化中介组织行业并没有规范统一的合同文本，每个企业还是按照自身情况来确定提供文化咨询服务的权利及义务。欠发达地区完全可以召集相关法律部门以及行业内专业人士共同出谋划策，编写文化咨询合同的示范文本。一是统一江西省文化咨询行业的业务标准，二是降低企业自身成本。合同示范文本应包含信息咨询、法律咨询、管理咨询、技术评估、可行性论证等方面的内容，对技术项目的决策进行论证分析并提出建议，用规范文化咨询中介双方权利义务的方式来达到规范文化咨询行为的目的。

还有一些文化艺术品拍卖中介、文化项目评估机构等文化中介需要对其项目评估方案、评估流程等进行规范，以及对文化项目评估监管范围、监管主体、监管制度进行规定，制定统一标准，明确服务目标。文化中介组织的核心竞争力就是拥有系统服务的功能，所以想要提高文化中介组织的综合能力，还需要对欠发达地区其他基本文化中介行为进行规范化引导。

确定特殊中介行为种类，并进行规范和约束。对于发达地区文化中介情况进行分析，特殊文化中介行为包括与金融行业相关的服务功能。例如为文化市场提高融资功能的文化融资租赁企业，帮助相关文化产品进行资产证券化的券商，这类文化中介行为在很多省份还相当不成熟。所以对这类较为不成熟的文化中介行为制定行业行为规范就显得尤为重要，也是支持这类文化中介行为发展的基础，另外应该对此类文化中介行为给予资金上的支持。文化租赁行业落后的主要原因是，文化产业的特殊性质决定了行业内很多产品很难像其他商品一样统一定价，文化产品的价值具有主观性，无法进行价值确定。政府相关部门可以召集本地具有代表性的文化企业联合成立行业协会，针对本地文化产品价值进行评估认证，以便消除外资企业投资文化产业时对相关文化产品价值不确定性。

四、发挥政府输血功能，加大政策扶持力度

针对欠发达地区文化中介组织的发展问题，一方面要加强文化中介自身的实力，另一方面要重视政府部门的引导规范。本书主要从以下几个角度探讨政府部门在文化中介组织发展中应该扮演的角色。

（一）出台相关优惠政策协助文化中介发展

首先，良好的舆论环境需要靠政府部门的权威来打造。文化中介组织目前在市场上的认可度还不够高，只有借助政府的有形之手为其创造一个健康的舆论环境，增强文化中介组织在大众心目中的公信力。虽然不鼓励政府直接干预文化中介组织的发展，但是在支持政策方面还需要政府部门的介入，例如相关规章制度、优惠政策等的制定、颁布以及宣传。让大众对文化中介组织的性质、本质、作用、意义等逐步认知，让文化中介组织的形象深入人心。

其次，鼓励文化中介组织投融资业务开展。由于金融行业与文化产业的融合并不是非常成熟，所以要借助政府的力量将其规范化、标准化，打开文化中介组织的投融资业务范围。对于文化中介组织参与文化产业投融资模式，政府可采取以下支持方式：一是 BOT 模式，是指政府对文化中介组织所提供的服务可以有所限制，但保证第三方盈利的机会，整个过程中，风险由中介和政府共同承担。二是 ABS 模式，即资产证券化，企业将已有文化项目打包作为底层资产来保证未来收益，然后在资本市场上通过发行债券来筹集资金。如果允许文化中介组织参与文化资产证券化的过程，文化中介组织的专业化服务必然会提高文化资产证券化的效率。三是 PPP 模式，指的是通过与政府合作，共同投资、管理一个文化项目，授权文化中介组织全程负责该项目的建设、运营或管理。这在很大程度上提高了文化中介组织的信用，吸引更多合作者。

最后，需要建立一个服务于文化中介组织的公共文化服务体系。要建立工

作协调机制，由政府相关部门牵头，结合市场具体情况，相互协调配合，解决省文化中介组织遇到的具体问题。在解决问题的过程中汲取更多经验，在公共平台共享，甚至可以定期开展行业交流，尽可能联动省内文化中介组织，成立一个互动交流的平台。同时，政府还需根据当地文化中介组织发展的实际情况，以现有的资源对外宣传，宣传方式可以是做广告、去文化经济更加发达的城市进行招商引资，并出台相关外来企业投资优惠政策，诸如税收减免、所得税返还、企业融资、扶持奖励、人才培训等方面的优惠政策，吸引外资进入文化中介行业。为了确保文化中介产业持续稳定发展，相关优惠政策和法律保障还有待进一步制度化和明确化。

（二）规范文化中介准入与退出机制

一个市场必须拥有健全的市场进入和退出机制才能保证健康高效的发展，良好的市场进入和退出机制对于欠发达地区文化中介市场的稳定发展和繁荣是非常关键的。

目前各省份文化中介组织实力存在的差距还是比较大的，很大一部分就是挂牌公司，并没有任何业务，这就是文化中介组织数量很大，但是发展速度非常缓慢的原因。所以从法律的角度针对文化中介或者从业人员制定公平的准入政策和退出政策，不仅可以规范文化中介市场的运营，而且可以提高文化中介组织的普遍水平，吸引民间优质资本投资文化中介产业，合力打造一个专业且具有地方特色的中介平台，使欠发达地区可以实现文化资源配置更加市场化、融资渠道多元化。随着文化市场的繁荣发展，市场对文化中介组织的要求越来越高，目前市场上拥有种类繁多、数量庞大的文化中介，想要健康有序发展，就需要实施相对规范的市场准入制度和较为严格监管制度。虽然宽松的准入制度会给文化中介组织带来很多新鲜血液，也更容易吸纳文化资源，但也存在一个严重的问题，就是将文化资源分散化，无法达到效益最大化，所以适当的准入制度还是必要的。例如，文化中介组织可联合成立一个行业委员会，根据《公司法》《合伙企业法》《个体工商户管理条例》等对文化中介组织进行主体备案，依法进入市场。良好的文化中介组织准入与退出制度有利于市场的开发和拓展。

文化中介退出机制需要根据企业的性质分别建立。应该针对文化中介组织退出制度制定专门的退出实施办法和严格的退出程序，而不是谁想让企业退就退，退出需要有一个完整的机制。例如，相关部门向文化中介组织负责人告知退出理由，文化中介组织提出异议或建议，管理部门审核是否符合退出规定，若符合再执行。另外，整个退出程序都必须全程公开，严格依照法律法规处理。退出机制也不仅仅体现在文化中介退出上，如果是企业不履行管理职责造成严重后果，应该也有一个退出连带机制，相关负责人从文化中介行业退出。

（三）健全政府监督管理功能

我国政府一直以来对经济的监管力度都是比较大的，目前看来，基本所有的行业都不能完全脱离政府部门的监管，政府对文化中介的规制非常有必要。目前，我国文化中介法律法规还不健全，无法为政府监管提供法律支撑。市场机制尚不成熟，边界十分模糊，导致政府有时作为不够，有时又作为过度。政府部门可以从以下几个方面对文化中介组织进行监管。

首先，建立地方政府文化市场监管硬件设施。建立文化市场监督管理部门，专门对文化市场上的文化产品、服务、相关产业等进行监管。政府可以通过政策措施来促进文化中介公共服务平台的建设，协助完成文化中介服务设施网络建设，促进文化中介服务的专业化、均等化和标准化，以便对文化中介组织实现整体监督。通过建立消费者评价和反馈机制，推动文化中介组织与消费者需求有效对接。通过信息反馈平台和消费者评价，掌握文化中介市场整体运营状况，及时了解市场上出现的问题，提出解决措施。

其次，政府可对文化中介垄断情况进行调整，维持市场竞争秩序。政府应该在市场资源竞争方面放开管理，允许市场上各类文化中介主体参加到文化资源竞争中来，减少政府部门的过分干预，提高资源利用效率。可采取招投标的方式，让业界凭自身的实力参与其中，争取资源，使文化资源的分配充分市场化。

最后，在市场上出现恶性竞争的时候，政府部门应该出台相应政策去规范。虽然市场经济强调政府不能过分干预，但是政府作为公共职能部门，调节宏观经济发展情况和文化市场消费导向是必要的。政府的调控手段有经济手段、法律手段及行政手段，在文化中介组织发展的过程中，通过这些手段间接调节市场行为，或者直接制定文化中介组织发展规划和产业政策，对其进行直接的引导、管理和监督。政府的监管能够有效维护文化市场的秩序，帮助文化中介组织在健康的市场环境中发展，避免文化中介组织在竞争激烈的市场环境中遭受不合理对待。

参考文献

［1］孙俊．中韩文化贸易产业比较分析［J］．现代营销（经营版），2019（10）：32.

［2］胡钰，王一凡．文化旅游产业中 PPP 模式研究［J］．中国软科学，2018（9）：160－172.

［3］王长松，何雨，杨矞．中国文化产业政策演进研究（2002－2016）［J］．南京社会科学，2018（7）：133－142.

［4］张慧丽．东莞市文化中介组织发展问题与对策研究［D］．江西财经大学，2018.

［5］李建军，万翠琳．文化创意产业与城市经济发展互动机制研究［J］．上海经济研究，2018（1）：44－52.

［6］周建新，胡鹏林．中国文化产业研究 2017 年度学术报告［J］．深圳大学学报（人文社会科学版），2018，35（1）：42－57.

［7］黄蕊，侯丹．东北三省文化与旅游产业融合的动力机制与发展路径［J］．当代经济研究，2017（10）：81－89.

［8］李明伟．“互联网＋文化产业”融合发展的技术驱动与路径研究［J］．技术经济与管理研究，2017（9）：107－111.

［9］魏和清，李燕辉，肖惠妩．我国文化产业综合发展实力的空间统计分析［J］．统计与决策，2017（15）：83－87.

［10］蒋三庚，王莉娜．北京市文化创意产业集聚效应研究［J］．经济研究参考，2017（45）：62－71.

［11］张云．江西省文化中介组织发展现状及对策研究［D］．江西财经大

学，2017.

[12]《国家“十三五”时期文化发展改革规划纲要》[N]. 人民日报，2017-5-8（1）.

[13] 郭淑芬，郭金花. 中国文化产业的行业效率比较及省域差异研究[J]. 中国科技论坛，2017（5）：71-79.

[14] 陈国生，张亨溢，周巍，陈政，刘伟辉. 湖南省文化产业发展水平区域差异分析[J]. 经济地理，2017，37（4）：135-140.

[15] 文化部“十三五”时期文化产业发展规划[N]. 中国文化报，2017-4-20（6）.

[16] 段莉. 我国文化产业就业与人才问题研究[J]. 华中师范大学学报：人文社会科学版，2017，56（2）：83-89.

[17] 谢清风. 出版的未来：从文化中介到文化中心[J]. 科技与出版，2017（3）：31-35.

[18] 刘红岩，秦淑倩，李彬. 政府—市场关系演变与文化中介组织适应性创新[J]. 山东大学学报（哲学社会科学版），2017（2）：80-86.

[19] 杨睿，苏玉珠. “互联网+”视角下我国文化产业发展路径探究[J]. 改革与战略，2017，33（3）：136-138，142.

[20] 麻书豪. 我国民族文化产业发展与政府管理探讨[J]. 管理世界，2017（2）：180-181.

[21] 梁学成. 产城融合视域下文化产业园区与城市建设互动发展影响因素研究[J]. 中国软科学，2017（1）：93-102.

[22] 李凤亮，宗祖盼. 经济新常态背景下文化业态创新战略[J]. 北京大学学报：哲学社会科学版，2017，54（1）：133-141.

[23] 周建新，胡鹏林. 中国文化产业研究2016年度学术报告[J]. 深圳大学学报：人文社会科学版，2017，34（1）：53-66.

[24] 林凇. 基于利益相关者分类及影响下的网络文化企业CSR实现路径选择[J]. 管理学报，2016，13（12）：1866-1872.

[25] 厉建梅. 文旅融合下文化遗产与旅游品牌建设研究[D]. 山东大学，2016.

［26］胡惠林．关于文化产业发展若干问题的思考［J］．华中师范大学学报：人文社会科学版，2016，55（6）：63－75.

［27］李凤亮，宇文曼倩．“一带一路”对文化产业发展的影响及对策［J］．同济大学学报：社会科学版，2016，27（5）：48－54，60.

［28］孔永和．旅游产业与文化产业融合发展的路径选择：以河北省为例［J］．社会科学论坛，2016（10）：240－244.

［29］潘爱玲，邱金龙．我国文化产业并购热的解析与反思［J］．华中师范大学学报：人文社会科学版，2016，55（5）：75－86.

［30］曲蕴，马春．文化精准扶贫的理论内涵及其实现路径［J］．图书馆杂志，2016，35（9）：4－8.

［31］郝婷．转型期我国文化产业制度的三角框架研究［J］．科技与出版，2016（9）：25－29.

［32］韩东林，袁茜，李春影．我国中部地区文化制造业科技创新效率评价［J］．科技进步与对策，2016，33（17）：43－48.

［33］潘玉香，孟晓咪，赵梦琳．文化创意企业融资约束对投资效率影响的研究［J］．中国软科学，2016（8）：127－136.

［34］徐鹏程．文化产业与金融供给侧改革［J］．管理世界，2016（8）：16－22.

［35］金元浦．我国当前文化创意产业发展的新形态、新趋势与新问题［J］．中国人民大学学报，2016，30（4）：2－10.

［36］李孝敏．“一带一路”背景下我国文化产业拓展探析［J］．求实，2016（7）：38－45.

［37］王爽．互联网与文化生产、推广和消费研究［D］．山东大学，2016.

［38］陈颖．文化与科技融合创新指数的构建与评价［J］．科技管理研究，2016，36（10）：44－49.

［39］魏本权．2015年中国红色文化研究综述［J］．井冈山大学学报：社会科学版，2016，37（3）：28－34.

［40］欧阳友权，吴钊．“互联网＋”与中国文化产业［J］．求索，2016

(4)：12-16.

[41] 张晓星，赫鹏飞．京津冀文化产业协同发展研究 [J]．人民论坛，2016 (11)：241-243.

[42] 蔡尚伟，车南林．“一带一路”上的文化产业挑战及对中国文化产业发展的建议 [J]．西南民族大学学报：人文社科版，2016，37 (4)：158-162.

[43] 王帅，张友祥．互联网驱动下我国文化产业融资模式探讨 [J]．税务与经济，2016 (2)：29-33.

[44] 付斌．文化产业众筹模式发展和创新 [J]．人民论坛，2016 (8)：196-198.

[45] 尹宏．发展创意文化产业　促进城市经济转型 [J]．宏观经济管理，2016 (3)：75-77，87.

[46] 赵利．我国文化产业竞争力要素贡献度的测算 [J]．统计与决策，2016 (2)：94-97.

[47] 叶文辉．文化产业发展中的政府管理创新研究 [J]．管理世界，2016 (2)：178-179.

[48] 黄锦宗，陈少峰．互联网文化产业商业模式创新 [J]．福建论坛：人文社会科学版，2016 (2)：63-68.

[49] 陈少峰，侯杰耀．2015 年文化创意产业的发展情况与趋势展望 [J]．艺术评论，2016 (2)：11-18.

[50] 翁钢民，李凌雁．中国旅游与文化产业融合发展的耦合协调度及空间相关分析 [J]．经济地理，2016，36 (1)：178-185.

[51] 金世斌．我国文化政策的演进与展望 [J]．发展研究，2016 (1)：93-97.

[52] 施国芳，陈朝霞，周春儿，张佑林．文化产业对上海城市经济转型发展的影响 [J]．浙江大学学报：理学版，2016，43 (1)：115-121.

[53] 陈宇翔，郑自立．中国文化产业政策的架构、效能与完善方向 [J]．南京社会科学，2016 (1)：143-148，156.

[54] 陈庚，傅才武．文化产业财政政策建构：国外经验与中国对策 [J]．

理论与改革，2016（1）：169－174.

［55］黄芙蓉．“互联网＋”文化产业发展的对策与模式创新［J］．统计与决策，2015（24）：158－161.

［56］朱云，李麟，沈勇．支持文化产业发展的财税政策探讨：以江苏省文化产业为例［J］．税务研究，2016（01）：106－110.

［57］“中国文化产业集聚效应的动态研究”课题组，蒋萍．我国文化产业集聚效应研究［J］．调研世界，2015（11）：14－18.

［58］王景云．我国文化产业政策体系创新路径解析［J］．科学社会主义，2015（6）：109－113.

［59］张国．文化产业中介组织研究综述［J］．经济论坛，2015（12）：92－95.

［60］郑士鹏．一带一路建设中文化交流机制的构建［J］．学术交流，2015（12）：112－117.

［61］景小勇．国家文化治理体系的构成、特征及研究视角［J］．中国行政管理，2015（12）：51－56.

［62］侯兵，周晓倩．长三角地区文化产业与旅游产业融合态势测度与评价［J］．经济地理，2015，35（11）：211－217.

［63］李凌雁，翁钢民．我国旅游与文化产业融合发展水平测度及时空差异分析［J］．地理与地理信息科学，2015，31（6）：94－99.

［64］阚大学，吕连菊．文化产业对地区经济增长影响的实证研究：基于江西城市动态面板数据［J］．科技管理研究，2015，35（20）：138－142.

［65］陈少峰．“互联网＋文化产业”的价值链思考［J］．北京联合大学学报：人文社会科学版，2015，13（4）：7－11.

［66］郭淑芬，王艳芬，黄桂英．中国文化产业效率的区域比较及关键因素［J］．宏观经济研究，2015（10）：111－119.

［67］彭勇平，黄小平．江西文化产业结构与效益研究［J］．中国统计，2015（10）：23－24.

［68］欧阳雪梅．十八大以来社会主义文化强国建设的理论与实践［J］．毛泽东邓小平理论研究，2015（9）：19－26，91.

[69] 郝婷．现代文化市场制度研究 [D]．武汉大学，2015.

[70] 丁雪．辽宁省文化中介法律制度研究 [D]．沈阳工业大学，2015.

[71] 乐云，苏月，江敏．以信任为中介的建设项目组织文化与组织效能的影响机制研究 [J]．工程管理学报，2014，28 (5)：143 - 147.

[72] 肖雁飞，王缃韵，万子捷．中国文化创意产业发展影响因素与实证研究 [J]．科技管理研究，2014，34 (11)：102 - 105.

[73] 朱静雯，孙庆庆．关于我国文化中介机构的思考 [J]．出版科学，2014，22 (3)：16 - 18.

[74] 汪全莉．我国出版中介机构研究 [D]．武汉大学，2014.

[75] 程霞珍．安徽文化产业集群发展的政府支持研究 [D]．安徽大学，2014.

[76] 于维同，丁雪．我国地方政府促进文化中介市场发展的法律对策 [J]．全国商情：理论研究，2014 (5)：91 - 92.

[77] 黄凤娇．传统文化产业化发展的政府作用研究 [D]．苏州大学，2014.

[78] 黄先蓉，郝婷．现代文化市场体系建设的政策需求与制度创新 [J]．科技与出版，2013 (12)：25 - 28.

[79] 刘金林．完善我国文化产业投融资市场体系的财税政策选择 [J]．税务研究，2013 (12)：48 - 52.

[80] 孙洪军，欧阳明．盘锦市文化产业发展的问题及政策建议 [J]．中国经贸导刊，2013 (12)：39 - 40.

[81] 刘波，白志刚．我国"文化走出去"的困境及其创新思路 [J]．理论学习，2012 (9)：32 - 34.

[82] 刘金祥．论我国文化中介组织的培育和发展 [J]．浙江树人大学学报：人文社会科学版，2012，12 (3)：42 - 46.

[83] 刘金祥．关于我国培育和发展文化中介组织的思考 [J]．江汉大学学报：人文科学版，2012，31 (2)：41 - 44.

[84] 刘金祥．关于我国培育和发展文化中介组织的若干思考 [J]．中共宁波市委党校学报，2012，34 (2)：75 - 78.

[85] 刘金祥. 社会文化服务体系中的中介组织 [N]. 中国社会科学报, 2011-11-29 (17).

[86] 伊春市统计局. 给力文化产业 铸造城市灵魂 [N]. 伊春日报, 2011-11-24 (3).

[87] 赵晓红. 云南省文化产业中介组织的培育与发展研究 [J]. 云南财经大学学报: 社会科学版, 2011, 26 (5): 90-93.

[88] 方爱清. 武汉现代新型城市圈文化生态培育的路径选择 [J]. 江汉大学学报: 人文科学版, 2011, 30 (5): 20-24.

[89] 谭军, 顾江. 转轨经济、双边市场与文化市场一体化 [J]. 文化产业研究, 2011 (1): 51-60, 2.

[90] 朱虹. 论社会中介组织的公共性 [J]. 齐齐哈尔大学学报: 哲学社会科学版, 2010 (5): 9-12.

[91] 谢家建, 郝明亮. 文化视阈下中介性组织在我国适应性问题微探 [J]. 出国与就业: 就业版, 2010 (12): 77-78.

[92] 黄玮. 政府职能转变视野下我国中介组织的培育 [D]. 广西民族大学, 2010.

[93] 贾建军, 高继国, 李奋生. 论当前我国科技中介组织在科技创新系统中的功能定位 [J]. 攀枝花学院学报, 2009, 26 (2): 62-65.

[94] 蒋三庚. 中央商务区文化创意产业集群发展类型与特点 [J]. 经济与管理研究, 2009 (3): 83-86.

[95] 曹庆华. 以文化创新推动广西文化大发展 [J]. 当代广西, 2009 (3): 58-59.

[96] 闫平. 文化中介: 文化产业链的关键环节 [J]. 理论学习, 2008 (6): 10, 21.

[97] 谭雅静. 基于"走出去"战略的文化经纪生态研究 [D]. 中南大学, 2008.

[98] 陈朝宗. 我国社会中介组织自治的路径选择 [J]. 华东经济管理, 2007 (10): 61-63.

[99] 余志方. 关于发展黑龙江省文化产业的思考 [J]. 黑龙江史志,

2007（10）：6－8.

［100］胡攀．我国文化中介机构刍议［J］．重庆社会主义学院学报，2007（3）：39－41.

［101］张传翔，陈玉光，刘文俭．青岛文化市场体系培育的着力点及其现实路径［J］．青岛科技大学学报：社会科学版，2007（3）：11－15.

［102］赵力．对发展黑龙江省文化产业的思考［J］．经济研究导刊，2007（6）：145－147.

［103］杨爱华，李文学．文化中介组织在地方政府间关系中的作用［J］．今日中国论坛，2007（Z1）：48－50.

［104］魏岸，王良．创新机制塑造“文化济南”访中共济南市委常委、宣传部部长王良［J］．走向世界，2006（5）：14－15.

［105］乌兰察夫．创新思路实现深圳文化产业快速发展［J］．特区实践与理论，2006（1）：43－46.

［106］应柏君．政府改革视野下的中介组织规范和发展［D］．四川大学，2004.

［107］顾江．南京文化中介组织发展中面临的机遇与挑战［J］．南京社会科学，2003（12）：97－101.

［108］张多波．论新阶段我国文化产业的发展［J］．理论探索，2003（S1）：159－161.

［109］林峰．建立发展文化产业中介组织［J］．出版参考，2003（33）：1.

［110］马英勇．入世后我国中介组织面临的挑战与对策［J］．亚太经济，2003（3）：38－39.

［111］葛继红，冯元君．南京市文化产业发展现状调研报告［J］．江苏统计，2003（4）：33－34.

［112］于青，张志红．文艺中介组织管理现状研究［J］．青岛大学师范学院学报，2002（4）：40－43.

［113］陈洪博．关于深化文化体制改革的若干思考［A］．2002 中国经济特区论坛：现代化建设中的体制问题学术研讨会论文集［C］．深圳大学中国

经济特区研究中心，2002：5.

[114] 樊人龙，陈鸣，金冠军，郑涵．上海文化中介机构发展思路与对策 [J]．上海社会科学院学术季刊，2001 (1)：93－102.

[115] 王敏敏，梅伟霞．浅议我国加入 WTO 后文化产业发展的若干问题 [J]．探求，2000 (6)：53－54.

[116] 花建．上海演出中介产业的增长空间 [J]．上海艺术家，2000 (2)：5－7.

[117] 蓝凡．市场经济下的文化中介机构 [J]．上海艺术家，2000 (2)：8－9.

[118] 陈志强．建立文化中介机构，培育文化经纪人 [J]．上海艺术家，1999 (1)：33－35.

[119] Matarasso, Landry. Balancing Act: Twenty－One Strategic Dilemmas in Cultural Policy: Cultural Policies Research Developments Unit, Policy Note No. 4. Strasbour R: Council of Europe Publishing, 1999.

附录

文化中介组织发展及从业人员职业发展调查问卷

一、基本信息

（一）基本信息

A1. 您的性别

a. 男　　b. 女

A2. 您的年龄

a. 25 岁及以下　　b. 26—30 岁　　c. 31—35 岁

d. 36—40 岁　　e. 40 岁以上

A3. 您的学历

a. 高中及以下　　b. 大专

c. 本科　　d. 研究生及以上

A4. 您的月收入

a. 3000 元以下　　b. 3000—5000 元　　c. 5000—8000 元

d. 8000—10000 元　　e. 10000 元以上

A5. 除了本职工作外，您是否在下班时间做其他兼职工作

a. 是（做 A6）　　b. 否（跳过 A6）

A6. 兼职工作一般月收入多少

a. 1000 元以下　　b. 1000—3000 元

c. 3000—10000 元　　d. 10000 元以上

（二）所在公司状况

B1. 您所在的公司属于哪一种类型

a. 文化传播　　b. 文化艺术　　c. 文化影视

d. 文化旅游　　e. 文化投资　　f. 文化服务

B2. 您所在公司的规模（注册资金）

a. 100 万元以下　　b. 100 万—500 万元

c. 500 万—1000 万元　　d. 1000 万元以上

B3. 您所在公司已成立时间

a. 1 年以下　　b. 1—3 年

c. 4—10 年　　d. 10 年以上

B4. 你在该公司工作的时间

a. 1 年以下　　b. 1—3 年

c. 4—5 年　　d. 5 年以上

B5. 您所在公司目前经营现状

a. 非常不好　　b. 不好　　c. 一般

d. 很好　　e. 非常好

（三）受访者在公司的状态

C1. 您在公司的岗位

a. 行政　　b. 人力　　c. 财务

d. 营销　　e. 设计　　f. 公关

g. 策划　　h. 研发　　i. 其他

C2. 您目前的级别

a. 普通员工　　b. 主管　　c. 经理

d. 总经理　　e. 法人或股东

C3. 您对您的收入是否满意

a. 非常不满意　　b. 不满意　　c. 一般

d. 满意　　e. 非常满意

C4. 您从事当前工作的原因是什么（多选）

a. 找不到更好的工作　　b. 随便找的工作

c. 对文化公司感兴趣　　d. 这份工作工资较高
e. 这份工作比较轻松　　f. 晋升空间大
g. 锻炼机会多　　h. 工资高
i. 工作环境舒适　　j. 工作氛围融洽
k. 工作地点离家近

C5. 当前工作对您来说存在哪些问题（多选）
a. 工资较低　　b. 环境较差
c. 培训机会少　　d. 晋升空间小
e. 人际关系不融洽　　f. 对领导的决策或管理不认可
g. 企业文化不认同

C6. 您是否会在较长的一段时间内继续从事该行业
a. 会　　b. 不确定　　c. 不会

（四）更换职业

D1. 假如您不打算继续从事该行业，您会哪方面向转行（至多选三项）
a. 继续深造　　b. 考公　　c. 金融
d. 教育　　e. 制造　　f. 销售
g. 餐饮　　h. 交通运输　　i. IT
j. 建筑　　k. 其他

D2. 您换职业会面临困难吗
a. 会　　b. 不会

D3. 您换职业会面临哪些困难（多选）
a. 年龄限制　　b. 学历限制　　c. 精力不够
d. 技能知识不足　　e. 照顾家庭不便　　f. 重新适应新环境
g. 其他

D4. 您是否能克服这些困难
a. 能　　b. 不能

D5. 换职业是否会给您的职业发展带来更好的机会
a. 会　　b. 不确定　　c. 不会

D6. 您认为在文化中介组织工作的经历能为您换工作提供哪些帮助（多

选）

a. 经验积累　　b. 人脉积累　　c. 资金积累

d. 知识更新　　e. 素质提高　　f. 业务能力提升

g. 其他

二、发展现状及培育对策

（一）微观（所在企业）

E4. 您对您所在的公司（组织）目前内部管理的评价怎样

a. 不好　　b. 一般　　c. 很好

E5. 您认为您公司未来发展前景如何

a. 越来越好　　b. 保持现状　　c. 越来越差

企业管理与绩效关系

F1. 企业管理：请您为贵公司（组织）下列事项打分（请在合适的位置上打“√”）

项目	1	2	3	4	5	6	7	8	9	10
人力资源规划工作以组织战略目标为导向										
定期进行人力资源规划工作										
招聘时严格遵守一定的程序										
招聘要求人职匹配										
招聘根据职位性质选取合适人才										
为新入职员工提供岗前培训										
培训方法多样，有利于挖掘员工个人优势										
会根据绩效考核结果进行针对性的培训										
考核方法满足组织需要且全体员工需要参与绩效考核过程										
满足组织需要且绩效考核公平合理										
薪酬在同行中有竞争力										
薪酬在员工内部之间有公平性										
薪酬与员工工作行为紧密相连										
主要通过内部升迁的形式填补空缺管理岗位										
不会随意裁减员工										

F2. 企业绩效：请您为贵公司（组织）下列事项打分（请在合适的位置上打“√”）

项目	1	2	3	4	5	6	7	8	9	10
整体财务目标达成率（利润率）较同行高										
客户满意度较同行高										
产品与服务的质量较同行高										
与市场沟通的速度较同行快										
缺勤率与离职率较同行低										

（二）宏观（文化中介组织）

G1. 文化中介组织的重要性（请在您认可的程度打“√”）

项目	非常不重要	不重要	一般	重要	非常重要
增加就业机会					
促进文化资源合理配置					
拓展文化再生产规模					
扩大了文化信息传播渠道					
加速了文化商品流通					
能够引导文化消费					
培育文化消费群体					
开发文化专业市场					
构建支柱文化产业格局					
促进要素流动					

G2. 文化中介组织发展存在的主要问题（多选题）

a. 管理效率较低
b. 专业人才的缺乏
c. 相关法律机制不健全
d. 政策不够完善、细致
e. 专业人才的缺乏
f. 文化资源保护力度的不足
g. 文化产业定位不够明确
h. 文化中介组织发展不平衡
i. 与国际接轨低，与国外差距大
j. 投资不足
k. 市场发育水平不高
l. 民众的消费能力较低
m. 文化产业偏向某一特定群体，不能得到普及
n. 其他

G3. 您认为文化中介组织健康发展谁应该发挥更大作用

a. 政府　　b. 市场

c. 社会　　d. 组织自身

G4. 如何促进文化中介组织有序稳定发展（请在您认可的程度打“√”）

项目	非常不重要	不重要	一般	重要	非常重要
产业政策支持					
培养专业人才					
构建行业信息化平台					
规范文化经纪方式					
加快文化中介服务立法					
加强宣传推广力度					
加强文化资源保护力度					
开拓国外市场					
引导文化消费，培育市场					
其他					

G5. 您认为文化中介组织未来的发展前景如何

a. 越来越好　　b. 保持现状　　c. 越来越差

后　记

本书是在江西省社会科学规划项目“江西省文化中介组织发展现状调查及培育对策研究”（项目编号：15GL17）的研究基础上，结合对国内其他欠发达地区文化中介组织发展状况进行拓展调查和研究而成。

笔者从2015年就开始关注和研究文化中介组织这个论题，并且围绕文化中介组织展开了一系列深入的研究和调查。在实地调研过程中发现，随着政府对文化产业重视程度的提高和我国市场经济体制改革的深入，我国文化市场日渐繁荣，文化中介机构在数量和质量上都有快速发展。然而与西方发达国家的文化中介机构相比，我国文化中介机构区域发展还不平衡。在北京、上海经济发达地区，文化中介发展较好，而在经济欠发达地区则发展比较缓慢。推动文化中介组织的发展是激活欠发达地区文化产业活力的重要路径。因此，笔者将研究重点放在欠发达地区文化中介组织的发展上，通过查阅大量文献资料，在对江西省、云南省等欠发达地区的文化中介组织发展状况进行实地调查的基础上，分析欠发达地区文化中介组织发展过程中面临的困境及其原因，同时借鉴发达国家和国内发达地区文化中介组织的发展思路和先进管理经验，提出欠发达地区文化中介组织的培育和发展对策，进一步丰富和深化了文化中介组织的理论研究，为促进欠发达地区文化中介组织的全面发展提供思路和参考建议，为促进欠发达地区文化产业发展提供有益探索，为文化中介组织的进一步研究提供理论与实践参考。

欠发达地区文化中介组织研究是一个涉及管理学、经济学、统计学的复杂课题。本书从收集资料、整理文献、问卷设计、实地调研到撰写完成，历时两年，经数次修改完善，最终定稿。在此要感谢江西省社会科学规划办给我们提供的基金资助，感谢江西财经大学财税与公共管理学院提供的出版支持和为研究提供的管理服务。本书的最终定稿也离不开各位学术骨干的大力支持：张云参与了第三章、第六章的撰写，罗智康参与了第四章、第五章的撰写，喻小妹、李云霞、胡裕情参与了第八章的撰写。另外，参与本书调查与研究的还有谢文栋、付雪蔓、吴绍永，他们为最终成果的形成作出了较多的贡献，在此表示感谢。

欠发达地区文化中介组织研究是一项难度大、涉及面广的工作。由于篇幅所限，笔者在研究过程中只能选取部分地区作为案例分析的一部分，难以全面反映总体情况。囿于时间和水平，本书难免存在疏漏、不足之处，恳请同行专家、学者及广大读者批评指正。

廖少纲

2019 年 9 月